中國近代歷史城市指南

City Guidebooks of Modern China

Hangzhou Section III

杭州篇（三）

導論

何其亮｜美國伊利諾州立大學

杭州，柳永筆下的「東南形勝，三吳都會」，馬可波羅眼中的「天城」，也是毛澤東御用攝像師笑談中的中華人民共和國的「兩個首都」之一。[1] 自宋高宗建炎三年（1129 年）升格為臨安府，並稱「行在」以來，杭州就在中國歷史上佔有獨特的文化與政治地位。千年以降，其人文與自然景觀的完美融合，激發文人騷客的靈感從不同角度吟詠這座城市及其周邊地區的一草一木，一山一水。在這種山水與文化的互動之下，杭州及西湖早已不僅僅是一個風景旅遊勝地，而成為李慧漱所謂的"site of memory"（「記憶遺址」）。李慧漱認為：在宋元更替之後，杭州為「遺民們緬懷南宋王朝榮光、托寓自我」提供了場所。[2] 在此，對於李慧漱的評價有兩個補充。首先，這種故國之思、黍離之悲事實上並非杭州特有。在杭州（臨安）之前，就有如《洛陽伽藍記》、《洛陽名園記》、《汴京遺跡志》、《東京夢華錄》等追思舊都洛陽與汴梁的名篇。其次，許多關於

1 葉建新主編，《毛澤東與西湖》（杭州：杭州出版社，2005），133。

2 李慧漱，〈〈西湖清趣圖〉與臨安勝景圖像的再現〉，見李凇主編，《「宋代的視覺景象與歷史情境」會議實錄》（桂林：廣西師範大學出版社，2017），184-185。

杭州山川歷史風俗的作品產生於南宋覆滅之前，其作者顯然不是南宋遺民，也無須緬懷前朝。這樣的作品有周淙《臨安志》、吳自牧《夢粱錄》、潛說友《咸淳臨安志》、耐得翁《都城紀勝》及西湖老人《西湖老人繁勝錄》等。這些當世人寫當世事的筆記類作品，依稀是近現代城市導覽指南之雛形。只是當時尚未有二十世紀機械複製的大眾類文化，這些作品往往只能是士大夫階層的自娛自樂。及至周密《武林舊事》，又恢復移民憑弔故國的傳統。到了明朝，田汝成之《西湖遊覽志》記載西湖名勝掌故，歷代詩人題詠，既是地方誌也是文學作品。其《西湖遊覽志餘》則多記錄遺聞軼事，成為明末小說家的故事素材。[3]

清末丁丙的《武林坊巷志》徵集文獻超過1,600種，成書五十三冊，煌煌大觀，是中國歷史上最大的一部都市志。[4] 其一重要特點是只記錄杭州城內的事物，城門之外的西湖直接略過。這事實上反映了杭州在辛亥革命之前的空間格局，即雖然杭州以西湖名滿天下，但西湖並不是杭州城市的一部分。辛亥革命軍興，民國新政府採取一系列舉措如廢除旗營，逐步拆除城牆。其結果是西湖從此在空間上正式融入杭州城市。[5] 與此同

3 黃立振，《八百種古典文學著作介紹》（鄭州：中州書畫社，1982），466-467。

4 陳橋驛，《中國都城辭典》（南昌：江西教育出版社，1999），1321。

5 傅舒蘭、西村幸夫，〈論杭州城湖一體城市形態的形成——從近代初期湖濱地區建設新市場計畫相關的歷史研究展開〉，《城市規劃》，第38卷第12期（2014），18-21。

時，杭州隨著運河運輸的式微，失去了其東南中國運輸大動脈的戰略作用，在工商文化發展上，都漸趨落後於臨近的新興國際城市上海。[6] 隨著1916 年12 月滬杭鐵路建成通車，滬杭兩地距離逐漸拉近，即大衛・哈威（David Harvey）所謂的現代性下的「時空壓縮「（time-space compression）。[7] 這種壓縮帶來杭州城市性質與功能的變化：杭州漸漸成為上海的「後花園」。在這一情況下，杭州城市介紹、旅遊指南這一類的書籍在二十世紀上半葉成為一種產業。本叢書收錄的幾種杭州導覽中，大多都可歸為此類。在此八本導覽中，三本（《杭州市指南》、《遊杭必攜》及《杭州導遊》）出版於二十世紀三十年代，即「南京十年」的中後期；四本（《遊覽杭州西湖新導》、《杭州名勝導遊》、《杭州市民手冊》及《杭州通覽》）出版於抗日戰爭以後，國共內戰時期；一本（《杭州導遊》）出版於中華人民共和國時期。

《杭州市指南》出版於民國二十三年，紹興人張光釗編撰。張光釗擅長地圖繪製，早年曾製作出版紹興縣全圖。[8] 後在杭州工作期間出版《最近實測杭州市街

6 Liping Wang, "Tourism and Spatial Change in Hangzhou, 1911-1927," in *Remaking the Chinese City: Modernity and National Identity, 1900-1950*, ed., Joseph W. Esherick (Honolulu: University of Hawai'i Press, 2002), 112-113.

7 David Harvey, *The Condition of Postmodernity: An Enquiry into the Origins of Cultural Change* (Hoboken, NJ: Wiley-Blackwell, 1991), 260.

8 朱仲華、王保良，〈袍瀆敬敷小學和王聲初先生〉，中國人民政治協商會議浙江省紹興縣委員會文史資料研究委員會，《紹興文史資料選輯》，第1輯（1983），159-162。

圖》、《杭州古舊地圖集》。從本書張彭年序言得知，張光釗地圖作品應用廣泛，當時杭州各個機關單位無一例外在使用其實測地圖。張靜江主政浙江時舉辦「西湖博覽會」，也是由張負責繪製關於杭州市的圖表。由此，《杭州市指南》有兩大特點，第一，因作者測繪、工程方面的專長，此書有一種卓爾不群的嚴謹科學態度，不同於傳統杭城指南，多聚焦於風景名勝、文人雅興。如解釋錢塘潮時，作者不吝筆墨，解釋日月天體引力，並附上物理公式。第二，由於作者長期為政府服務，此書行文頗有半官方意味。其中〈未來之杭州〉一節，滔滔不絕將杭城未來規劃，如工業區、大港口計畫及旅遊事業一一展現給讀者。考慮到此書出版的民國二十三年，正是南京十年的黃金時代，因此筆調有著時代特有的意氣風發。如作者展望杭州之未來：「工商業之發展，一日千里，其必成為東方第一大市場，而超過今日之上海者，固可操券而預蓟也。」在這個意義上來說，《杭州市指南》不僅僅是一本介紹杭州衣食住行各方面的指南，也是國民黨政府政治宣傳的工具。

《遊杭必攜》與《杭州市指南》同年出版，張光釗亦是其繪圖者，但是兩書反差極大。前者為83 頁小冊子，而後者近400 頁，因此內容極為繁複。後者的對象讀者比較廣泛，既包括遊客也包括本地居民。《遊杭必攜》則目的明確：「進香及遊子謀便利之圖」。由此可見，杭州歷史上作為東南一帶宗教朝聖中心的地位並未因現代化進程而喪失。[9] 除了介紹西湖周邊及杭州的寺廟宮觀及其他與進香有關的機構，如素菜館及宗教性旅社外，《遊杭必攜》也提供不少景點的介紹，因此仍能看作一本旅遊指南，蓋宗教旅行原本就是杭州旅遊重要一部分。

《杭州導游》出版於戰雲密佈的民國二十六年，中日戰爭一觸即發。作者趙君豪係著名報人，《旅行雜誌》主編。其作品《中國近代之報業》為中國近代新聞史經典作品。《杭州導遊》由上海中國旅行社出版，其目的性不言而喻。事實上《杭州導遊》為中國旅行社民國十八年《西子湖》的再版。但是改名《杭州導遊》使其功能更為明確，即不再「偏於文藝」，而「切於實用」。因其是旅行社專業導遊書籍，所以作者為讀者與遊客安排多種旅遊行程，如西湖一日、三日、七日遊及自杭州出發的東南遊。這些安排多多少少為以後其他出版物沿襲。同時將杭州遊覽的一些旅遊服務明碼標價，比如登載完整的西湖遊艇價目表。

民國三十五年出版的《遊覽杭州西湖新導》出版商為在古舊書出版行業頗有名望的宋經樓書店。戰時，宋經樓因其主人韓學川聰明勤奮，對於古籍版本很有認識，所以古書生意頗隆。日本投降之後，韓學川感覺舊書生意風光不再，於是積極轉型業務，最後成為醫藥書

---

9 汪利平認為傳統上杭州的宗教朝聖是連結帝國與民間信仰的場域，也是促進地方商業發展的一個重要因素。見 Liping Wang, “Paradise for Sale: Urban Space and Tourism in the Social Transformation of Hangzhou, 1589-1937,” Ph. D Dissertation (University of California, San Diego, 1997), 15.

籍一大出版商。[10] 因此《遊覽杭州西湖新導》一書的出版，可以看成宋經樓在戰後初期積極轉換經營方式的一種嘗試。而此書一年內三版，可見生意不惡。從內容上看，《遊覽杭州西湖新導》創新不多，無非是將一些景點介紹，旅遊資訊再次登載。此時國共內戰尚未全面展開，經濟形式沒有完全惡化，因此其作者仍對杭州進一步發展抱樂觀態度，聲稱杭州「漸有成為國際市之趨勢」。

民國三十六年出版之《杭州名勝導遊》極有特色，因其是本叢書唯一收入的中英文雙語旅遊指南。其作者邢心廣稱自己在杭州大學教課之餘，「恣情於山巔水涯」。且認為杭州已成為「國際花園都市」，因此為在國際上推廣杭州旅遊事業之計，特用中英文寫就此書。由於為了照顧海外遊客，作者力求文字簡單，圖文並茂。所以此書是所有導覽中文字最簡略的一本。其也有杭州旅遊不同的排程，但是交通工具相較戰前更為豐富，有舟游、汽車遊、輿遊。書後附上的廣告亦是中英文雙語。

同年出版的《杭州市民手冊》，顧名思義並非旅遊指南，而是一本杭州本地居民日常生活常備工具書。其中各類統計表及政府、行政、工商、法律等資訊匯總非常實用。而此書的作者之一李乃文又是本叢書另一本旅遊指南《杭州通覽》的作者，因此二者內容很多重

10 杭州市政協文史資料委員會編，《杭州文史資料・第27輯・湖上拾遺》（杭州：杭州出版社，2007），191。

複。但是民國三十七年出版的《杭州通覽》性質與《杭州市民手冊》不同，是一本為外地遊客，特別是上海遊客準備的旅遊書。從此書可以瞭解，雖然當時內戰正酣，前途未卜，但是上海市民對於杭州旅遊的興趣不減。正如作者所言，「上海人一車一車地擠到杭州來」。以上三本導覽，當時均有良好銷售記錄。民國三十六年出版的《杭州遊覽手冊》曾記載，這三本「各書坊間多有售賣」。[11] 可見旅遊業並未太受時局影響。

1954 年出版的《杭州導遊》是叢書內唯一一本中華人民共和國建國以後出版的指南，因此顯得格外與眾不同。其主旨是共產黨政府當時常見的「人民西湖」的論調，即西湖及其他杭州景觀終於從剝削階級的銷金窩，回到人民手中，成為「全國勞動人民和全世界和平勞動人民遊覽、休養、療養的樂園」。因此在介紹杭州景區時，除了介紹傳統的一些景點，加上了「新中國」特有的如中蘇友誼館、工人文化宮、工人療養院等新設施。哪怕是介紹風塵女子蘇小小之墓時，也必須強調女性在「封建社會」遭受的凌辱，以彰顯「新社會」的優越性。

本叢書收錄的八本導覽指南類書籍，雖跨越三個歷史時期，側重點略有不同，但是仍可以總結出幾條共同特點。其一，從民國二十年左右開始，隨著城牆逐漸被拆除，城湖一體已是共識，不會出現《武林坊

11 葉華棻，《杭州遊覽手冊》（上海：中華基督教青年會，1947），53。

巷志》這種將西湖摒除在城市之外的寫作方式。葉凱蒂（Catherine Yeh）在談論上海晚清的一些城市指南時認為，這些出版物的一個重要議程就是試圖給予讀者一個印象：儘管上海行政區劃支離破碎，但是城市本身日趨成為一個有機的「整合的整體」（integrated whole）。[12] 而經過二十年的改造，無論作者還是讀者對於西湖與杭州城市作為「整合的整體」這一觀念已經牢不可破。其二，在這個整體之內，一些景點，如西湖十景、八景、二十四景等，或在舊時地方誌、都市志記載，或通過口口相傳，已經成為公認的場所，無須解釋。從這個意義上來說，這些指南類書籍成為傳統杭州與現代杭州兩個維度的結點。其三，大多數作者從事新聞或出版行業，如《杭州導遊（1937）》之趙君豪、《遊覽杭州西湖新導》之韓學川、《杭州市民手冊》之唐錫疇、《杭州導遊（1954）》之烏鵬廷等。這與上海的情況類似。正如Peter Fritzsche 研究柏林所指出的，城市具有兩個形態，即作為地方（place）以及作為文字（text），而這兩個形態互相定義。其中文字城市（word city）大多是報刊。[13] 叢書收錄的八本指南大抵也是這個情況，報人出版商承擔著將杭州文字化的工作，並進一步從地理上、文化上、歷史上定義杭州。

其四，杭州與上海的緊密聯繫得到廣泛認可。自

12 Catherine Yeh, *Shanghai Love: Courtesans, Intellectuals, and Entertainment Culture, 1850-1910* (Seattle, WA: University of Washington Press, 2006), 320.

13 Peter Fritzsche, *Reading Berlin,* 1900 (Cambridge, MA: Harvard University Press, 1998), 1.

從滬杭鐵路開通以來，杭州成為上海居民以及落地上海的外國遊客的主要旅遊目的地。不難理解，不僅大多數此類指南類書籍讀者來自上海，而且不少出版於上海（如本叢書的《杭州導遊（1937）》、《杭州市民手冊》與《杭州通覽》）。其中《杭州通覽》一小半廣告乃是上海工商金融企業。回顧杭州導覽類出版物的歷史，最早一本可能是徐珂的《增訂西湖遊覽指南》（1918），本身便是上海商務印書館的出版物。所以滬杭雙城記的故事在這些出版物中表現得淋漓盡致。其五，這些書籍的出版得到杭州工商業襄助甚多，幾乎每一部都有相當篇幅的廣告。《杭州通覽》區區151 頁的小冊子居然有35 頁廣告，商品經濟之滲透，可見一斑。

杭州自1910 年代開始出現如《增訂西湖遊覽指南》之類的指南類書籍，[14] 一百年來這樣的出版物汗牛充棟，不可勝數。本叢書提供的八本，也只能管中窺豹。這些出版物不僅僅為外地旅客與本地居民提供生活便利，更是一種對於杭州在各個歷史時期身分地位的一種書面表述與對於未來的願景，此即是「城市即文本」（city as text）的題中之義。

---

14 傅舒蘭、西村幸夫，〈論杭州城湖一體城市形態的形成〉，22。

編輯凡例

一、本套叢書收錄近現代中國各地城市指南、市民手冊、工商手冊等，由中央研究院近代史研究所城市史研究群徵集、輸入，本社校對並重新排版，如有錯誤，概由本社負責。

二、本書儘量採用原徵集各書之文字，不以現行通用字取代古字、罕用字、簡字等。惟原徵集各書多數並無標點，或有句無讀，本版另加現行標點符號，以方便閱讀。

三、原徵集各書書內廣告頁，為不影響閱讀流暢，集中於各書之末。書中因印刷不清楚或無法辨識之文字，以■標示。缺頁、缺圖等則以〔 〕加註。

四、以上若有未盡之處，敬祈方家指正。

目錄

中國近代歷史城市指南

City Guidebooks of Modern China

Hangzhou Section

杭州篇

杭州市民手冊（1947）

杭州市民手冊目錄

杭州全圖

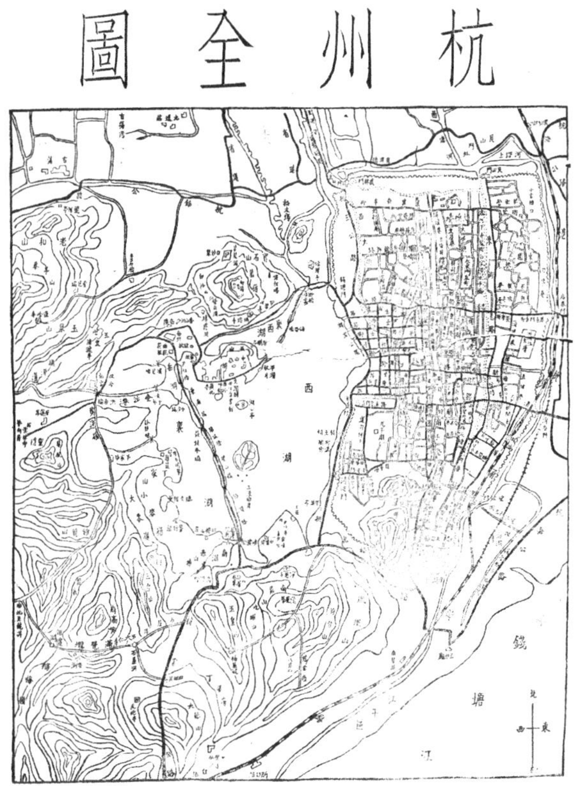

杭州沿革

杭州以西湖著稱，聞名遐邇。自改市治以來，經當局經營擀劃，益見繁榮；人烟稠密，市容煥發，驟成爲東南大都市之一。其地因有湖山爲點綴，歷代以來，旖旎風光，久聞全國。惟自淪陷後，敵僞不事建設，且破壞頗多，光復後復經當局從事修葺及建設，刻已漸復舊觀。

杭州在歷史上之地位，以吳越武肅王錢鏐，及南宋高宗之建都，益爲史家所重視。其名稱之變易，則代有不同。追溯既往，當如左紀：

夏——考之禹貢，杭州屬於揚州之域。故最初稱爲禹杭及餘杭。

周——春秋時，越之領土包括杭州在內。越王勾踐以會稽爲都，乃杭州之鄰區也。戰國時屬楚。

秦——以杭州建縣治，名有錢唐。亦有稱餘杭者。

漢——西漢循秦制稱錢唐縣，後漢廢縣治，歸併入餘杭。

唐——唐以唐爲國號，改唐爲塘故稱錢塘。五代梁置爲仁和縣。

宋——自高宗南渡，建爲國都，稱臨安府。

元——改爲杭州。

明——稱杭州府。

清——沿明制，定杭州爲浙江省會，稱杭州府。以仁和錢塘二縣，及富陽、孝豐、餘杭、臨安、於潛、昌化、海寧諸縣屬之。

民國 —— 廢府，併二錢二縣改稱杭縣，仍爲省治。

十五年夏改稱杭州市。

五代吳越王錢鏐，對於古代之杭州建設，爲功殊鉅。其最著者厥爲修築海塘，堤長百里，堵障錢塘江水，俾海潮無浸蝕土地之虞。從此杭州之土地，得以日益向江岸拓展；而另一方面則使滷城之地，盡變爲膏腴之田。故錢鏐之爲杭州民生建設，至今爲人所稱道也。

宋室南渡，以杭州建爲國都，踵事增華，益見鼎盛。其時大興土木，宮室寺廟建築宏偉、繁盛達於極點。西湖景色，至此乃益見華麗。

自元、明以迄清，杭州仍保持其固有之繁華，西湖佳勝，視爲人間樂園，譽滿中外。清以杭州定爲浙江省會，爲杭州府，改稱爲杭縣，並以仁和錢塘二縣一併劃入，仍爲浙江省治。十六年國軍底定浙江後，於五月間劃城區及附郭爲市區，鄉區仍置杭縣，市府成立後即擴大組織，努力建設，市政乃日臻發達，形成游覽勝區。自二十六年以迄勝利，強經敵僞摧殘，但經光復當局之努力經營，刻又成爲春游之勝地矣。

湖山近貌

杭州西湖，名聞中外，有東方瑞士之稱。在唐以前尚不著名，自李泌鑿通湖流，白居易蘇軾相繼出守是土，築以二長堤後，成爲騷人，墨客，高僧，名妓等寄跡之所，宋高宗南渡，都於臨安（杭州），西湖之笙歌金粉，盛於全國；清高宗先後臨遊，名益大著。

西湖初名錢塘湖，因湖中時見金牛，謂爲明聖之瑞，故又有明聖湖金牛湖之稱，唐白居易作石涵以洩湖水，因稱石涵湖。其水東北輸者，時人以爲下湖，因有上湖之稱。宋王欽若以全湖爲放生池，又稱爲放生池。蘇軾作堤分湖爲二，遂稱爲裏湖外湖。東坡有「若把西湖比西子」句，又有西子湖之稱。宋高宗南渡，西湖歌舞，盛極一時，又有「銷金鍋」之稱。明孫一元本李白與尚書郎張渭泛嶺川南湖，因改郎官湖故事，故有高士湖之稱。古樂府「西陵松柏下」謂卽指錢塘西湖。史達祖又有「船向西陵佳處放」之句，因有西陵之稱，或西陵，歷來名稱雖不一，惟西湖在城西，通稱爲西湖。

湖周三十餘里，面積約十六方里，三面環山，一面臨市，谿谷縷注，有淵泉百道，豬而爲湖。中有孤山，山前爲外湖，後爲後湖，西亙蘇堤，堤內爲裏湖。湖水甚淺，積泥甚厚，俗有稱香灰泥。

西湖諸山，遠自仙霞，近自天目天門飛舞而來。聳峙於西，是謂天竺。自此蜿蜒而東而南，爲龍井，理安，南高，煙霞，大慈，玉岑，靈石，南屏，龍吟，鳳凰，吳，總稱南山，自天竺而北，爲靈隱，北高，仙姑，棲霞，寶雲，寶石，總稱北山。兩山分峙，中抱西湖，層巒疊嶂，奇峯怪石，洞壑流泉，溪澗竹樹，多在西南隅；西北接西溪，東南與江干諸山脈相接，陟登吳山高峯，則錢塘江與西湖，杭市形勢，一覽無遺，形勢壯麗，爲東南一大都會也。

西湖名勝，屈指難數，如西湖十景，錢塘八景，二十四景等景目，歷代流傳，最爲著名。西湖十景卽（一）蘇堤春曉，（二）柳浪聞鶯，（三）花港觀魚，

（四）曲院風荷，（五）雙峯插雲，（六）雷峯西照，（七）三潭印月，（八）平湖秋月，（九）南屏晚鐘，（十）斷橋殘雪，等是。錢塘八景係（一）六橋煙柳，（二）九里雲松，（三）靈石樵歌，（四）孤山霽雪，（五）北關夜市，（六）葛嶺朝暾，（七）浙江秋濤，（八）冷泉猿嘯等是。二十四景謂（一）湖山春社，（二）玉帶晴虹，（三）吳山大觀，（四）梅林歸鶴，（五）湖心平眺，（六）寶石鳳臺，（七）焦石鳴琴，（八）玉泉魚躍，（九）鳳龍松濤，（十）天竺香市，（十一）韜光觀海，（十二）雲棲梵徑，（十三）西溪探梅，（十四）小有天園，（十五）漪園，（十六）留餘山居，（十七）篁沔卷阿，（十八）吟香別墅，（十九）瑞石古洞，（二十）黃蘆積翠，（二一）香臺普現，（二二）澄海樓，（二三）六和塔，（二四）述古堂等是。

杭州市所轄各區一覽表

區別		一	二	三	四
區公所地址		會館河下	西浣沙路	忠清巷	岳坟
重要街市村莊名稱		中山南路、中山中路、望江門直街、河坊街、會館河下、估聖觀路、板兒巷、羊市路、竹齋街、后市街、勞働路、膺白路、三橋址直街、湧金門直街、清泰街、城站、城隍山。	清泰街、開元街、大學路、東街路、民權路、民生路、中山中路、青年路、惠興路、浣沙路、延齡路、湖濱路、英士街、學士路、長生路、法院路、慶春街。	慶春路、刀茅巷、東街路、寶善橋、東清巷、忠清巷、福清巷、竹竿巷、孩兒巷、武林路、環城西路、聖塘路、法院前、寶極觀巷、百井坊巷、貢院前、體育場路慶街、小福清巷、中山北路。	昭慶寺、松木場、裏西湖、外西湖、岳墳、玉泉、靈隱、上中天竺、蘇堤、四眼井、茅家埠、淨寺、萬松嶺。
境界四至		東至城站望江門 南至鳳山門 西至清油門 北至清泰街	東至清泰門 南至清泰街 西至湖濱 北至慶春街	東至慶春門 南至慶春街 西至下城河 北至艮山門	東至昭慶寺 南至楊梅嶺 西至天竺 北至古蕩灣
面積約數（平方公里）		4.3	3.1	5.6	44.6
編制情形	保數	27	29	33	14
	里數	743	672	901	210
	戶數	19278	15699	22168	4300
	口數	87715	77757	100106	17906

區別		五	六	七	八
區公所地址		南星橋	艮山門	筧橋	拱宸橋
重要街市村莊名稱		梵村、徐村、梅家塢、虎跑、玉皇山、閘口、南星橋、一二三四五堡、望江門外、清泰門外。	河埠上、迴龍橋、下菩薩、枸桔美、將軍殿、太平門，王家井金家園、新塘鎮、彭埠鎮、白石鎮、五堰廟、四堡、五堡、七堡、九堡、新禾豐。	筧橋、汪家兜、阮家村、朱家橋、東新衖、宣家埠、永康廟、俞家潭機場。	武林門、半道紅、馬塍橋清朝寺、大夫坊大關，左家橋湖墅、拱宸橋、瓜山、王家村、胡家門、茶湯橋。
境界四至		東至錢塘江 南至杭縣 西至虎跑寺 北至慶春門	東至喬司區 南至錢塘江 西至顏家村 北至馬家園	東至喬司區 南至石蚌橋 西至大塘橋 北至杭縣皋亭區	東至普濟橋 南至武林門 西至和睦橋 北至知足橋
面積約數（平方公里）		39.7	83.2	20.7	33.0
編制情形	保數	19	21	12	22
	里數	366	517	189	374
	戶數	8050	12795	3769	7916
	口數	34044	54429	20172	32207

交通及氣象

交通

杭市爲吾國東南都會之一，接近滬市，其地位甚臻重要。鉄路有滬杭路通至上海，浙贛路通至江西。公路有杭紹、杭長、杭平、杭富、杭餘、杭海六線六路，環通紹興長興平湖富陽餘杭海寧各縣。航路有錢江、運河、苕溪之分佈，溯錢江而上，可達桐廬蘭谿，循苕溪而下，可達餘杭、湖州；沿運河北上，可達蘇州，上海。

市內有五十四公里餘之馬路，市內交通工具公共汽車客車五十輛，自備車客車六七輛，貨車一四六輛，營業車客車八六輛，貨車一六四輛。市內民用脚踏車六四八〇輛，營業用五〇五輛，人力車自備者七四七輛，營業者三七一一輛，三輪車七六輛，營業用五〇〇輛。

關於水上交通，在錢塘江行駛小火輪十三艘。民船在錢塘江開行者自一九〇〇至三〇〇〇艘，在運河內開行者自一四一五至一六〇〇艘。錢江渡船小火輪四艘，拖船十六艘。西湖中遊船自用遊艇七一艘，營業用遊船經登記者達五〇〇艘。

杭州城區範圍，東西長二・五公里，南北長五・三公里，城區週長爲一五・八公里。市區東西長三二・八公里，南北長二〇・五公里，市區週長一〇一公里。依據吳淞標高，城區大部份地面高度一〇・〇，如天竺山最高度爲四一〇・〇，最低如上河底〇・四。市區中心位置東經 120° 9' 33"，北緯 30° 14' 48"。

杭市總面績爲二五一方公里，計佔地面三七六・二二五畝，其分佔地面詳細情形如下：道路八五三三畝，河道一一二九五畝，農林地一六四四〇二畝，田地三六一二一畝，蕩地一二八九〇畝，雜地八九八三三畝，墓地一六四七二畝，宅地二八三七一畝，西湖八二四二畝，公園六七畝。

杭州市道路計柏油路三〇・六六公里，碎石路九九・三〇公里，彈石路一一六・一九公里，合計爲二四六・一五公里，鄉區小路不計。

市區各道路爲統一名稱起見，業經予以改編，茲將新舊路名對照，列一表於后：

新舊路名對照

（一）錢塘路、西大街改爲武林路（自陸軍監獄起，經西大街至武林門止）。

（二）環城西路改爲西城路（自錢塘路口起，經環城西路至武林門止）。

（三）體育場路改爲體育街（自東街路口起，經寶善橋，體育場路，洗馬橋至西大街止）。

（四）清波門直街改爲清波街（自膺白路口起，經清波門直街至塔兒頭止）。

（五）裏龍舌嘴、塔兒頭、花牌樓，改爲四宜路（自竹齋街口起，經裏龍舌嘴、塔兒頭、花牌樓至城隍山脚止）。

（六）上板兒巷、中板兒巷、下板兒巷改爲建國南路（自望江門直街口起，經上、中、下板兒巷至清泰街口止）。

（七）東街路（南段）改爲建國中路（自清泰街口起，經東街路至慶春街止）。

（八）東街路（北段）改爲建國北路（自慶春街口起，經東街路至艮山門止）。

（九）華光巷、三橋址河下，定安巷，靈壽寺巷至開元橋止）。

（十）勞動路改爲文廟路（自竹齋街口起，經勞動路至湧金門直街止）。

（十一）候潮門直街、雄鎮樓直街、車駕橋直街、羊市街改爲維揚路（自候潮門起，經候潮門直街、雄鎮樓直街、車駕橋直街，上、下羊市街至清泰街口止）。

（十二）望江門直街、望仙橋直街改爲望江街（自望江門起至鼓樓止）。

（十三）候潮門外直街、烏龍廟前、南星橋直街改爲候潮路（中山南路口起，經南星橋直街至候潮門止）。

（十四）梁家橋直街、外龍舌嘴、洋泮橋塘上、海月橋塘上、花牌樓、紅廟街、化仙橋塘上改爲復興街（自中山南路口起，經梁家橋直街、外龍舌嘴、沿塘路直至閘口電廠止）。

氣象

杭州溫度一般而論，最高攝氏四二 ・ 七度，最低八、七度。雨量最大日一四六 ・ 五公厘，最大月三四八 ・ 四公厘，最小月二 ・ 七公厘。最速風每小時七四 ・ 二公里，蒸發量每日九 ・ 七公厘，最厚雪四〇 ・ 〇公分。

風俗習慣

四時習俗

玉皇進香　正月初九日，傳爲玉皇誕日，赴玉皇山進香者，絡繹於途。

元宵燈市　正月十五日，爲元宵節，杭人於十三日，糊各種花燈。燃燭其中，謂之上燈，家家食粉製之圓子，十八日收燈，謂之落燈，食年糕，所謂「上燈圓子落燈糕」。收燈前後，每多風雨，前人詩曰。「上燈微雨落燈風，元宵燈市夢愁中。」蓋卽指此。

三竺香市　二月十九日，爲觀音誕日，天竺建觀音會，傾城皆往，仕女如雲。

清明祭墓，是日，家家門前，插楊柳枝，相傳介子推焚於綿山，文公哀之，以是日爲禁烟節，故名寒食，並插柳招魂，沿襲至今，遂成習俗，杭人於清明節前後，出城祭掃祖墓，借此踏青遊山。

浴佛節　四月初八爲浴佛節，杭人以魚介投之湖中，謂之放生。

立夏時新　杭俗，在立夏日以烏葉煑飯食之，謂之烏糕，食之可免蛀夏，實道家之靑精飯也，又有「三燒爲夏餅。燒鵞，甜酒釀。五臘爲臘肉，黃魚，鹽蛋，鰳魚或鰣魚，及臘狗，臘狗爲清明節所藏之粉製小狗，曰清明狗。風乾於立夏日食之，云可免蛀夏，九時新者，一櫻桃，二海螄，三梅子，四靑蠶荳，五莧菜，六黃荳筍，七萵苣筍，八烏飯糕，九玫瑰花，或曰河豚魚。

朱天會　四月二十四日，俗傳爲朱大天君誕日，杭人所最虔奉者也，詣廟拈香，賽會迎神，喧鬧竟日，朱大天君相傳卽爲明崇禎皇帝。思宗殉國以後，杭人不忘故君，因託爲神靈，以誌哀思，實隱含故國之痛耳。

端午節　是日飲蒜雄黃酒，剪蒲艾插在門前，並以白芷蒼朮等，燃烟驅虫，俗傳爲殺韃子日，元時韃虜據中原，倚勢虐民，民皆切齒。自朱元璋陳友諒等，揭竿東南，民間相約，端陽節日，以烽煙爲號，見韃虜卽手刃之，故至今蒲劍艾旗尚餘遺型，此則稗官野史，不足信矣。

西湖夜市　六月十九日，爲觀音得道之日，十八夜，杭人多買舟夜游，或至三竺進香，澈夜不絕。

中元節　七月十二日，以糕餌供祖，謂之接祖，十五日，爲中元節，街頭巷尾，各醵資爲盂蘭盆會。

地藏誕　七月三十日，爲地藏王誕日，杭人於是日晚間，家家插地藏香，遙望通衢，柔烟苦結。

中秋節　家居設月供，各以餅相餽，謂之月餅，或燃斗香，高入雲霄，或放舟湖上賞月。

錢江觀潮　八月十八日，爲潮神誕日，杭人於是日，傾城往江干觀潮。

重陽登高　重陽節爲九月初九日，市上多售栗糕，上插小旗，糕與高諧，杭人於是日作登高之舉，吳山道上，游屣相接。

初陽台觀日　十月朔，俗傳日月並升，未明前，登葛嶺初陽台，觀東海日出，奇幻莫可名狀。

小心火燭，每冬至節後，里巷有人，手敲竹筒，高呼「寒冬臘月。樓上樓下。灶前灶後，一街兩岸，各家火燭小心」。每隔三五日，則向各家索錢或米，謂之平安米。

送灶　十二月廿三日，傳爲灶君上天之日，杭人以紙轎香褚。送灶君上天。

大除夕　是日，各家高燃歲燭，內外通明，追祭祖完畢，合家團坐飲酒，謂之分歲，並以錢幣給兒童，曰壓歲錢，大街熙攘，徹夜不息，謂之守歲，登山望之，一城燈火，六衢通明。

嫁娶儀式

婚嫁儀式，各地不同，迂遠鄙俚，至爲可哂。杭州婚禮新舊雜糅，然視各地，差近於第。茲取其通行者撮著於篇，或亦研究風俗學者所願聞也。

定帖　又稱傳紅。媒人說合之時，於男家取紅箋地脚（卽草八字）送至女家。女家如允意，亦以紅箋草八字由媒送至男家。互相求神問卜。認爲合意，然後擇日締姻，名曰定帖。雙方用大紅襯綠全帖。男家書恭求台允四字，女家書謹遵台命四字。男家有用金玉首飾壓帖者，亦有用花果淸帖者，女家回帖以前用頂帶，今則或用金銀質徽章，或用玉件。有場面者，男家用錫茶瓶若干，女家用小酒罇若干，俗所稱男茶女酒，惟普通人家均不用茶酒。但須用萬年青兩盆，以紅絲綿裹之置於盆內，中放喜蛋四枚。若至女家，則以紅綠線穿其茶，名曰穿耳。是日媒人先至女家道喜，然後至男家押盒至女家吃中飯。下午押盒至男家吃晚飯。

送聘　俗稱下盒。先由媒人討得新衣服尺寸，送至男家。男家再備鸞書鳳目并小禮由媒送至女家。小禮金籤，男家寫吉詹某日敬備彩輿恭迎合巹等字，女家寫遵吉二字。鸞有啓云，右啓，中用金籤。以前鸞書須寫大德望某翁先生閣下，伏承尊慈，不棄儒素等等詞句，今則從簡不書。另有八字盒如卦式，男家寫新郎八字於左，女家寫新娘八字於右，姓曰品八字。行聘之物，普通有所謂三金，卽金釧、金戒指、金耳環之類。謂之下財禮，貧苦之家，多以鍍金代之。女家亦略有回禮。

催粧　又稱發奩。男家先三日送催禮，女家答禮如儀。粧奩從前有全鋪房一封書之名，言無所不有也。惟八箱兩櫥六箱一櫥爲最普通。又有四箱一櫥加一桌者名小六粧。今則粧奩視聘金多少爲定，無所謂幾箱幾櫥。如男聘金微薄異常者，則女家不備牀奩。發奩另有奩目一本。所有各物，逐件開載。亦有不載物件。僅書釵荊裙布，儒樸家風八字者。粧奩由媒人押送男家，鋪設停妥，由伴房女使看守，亦有不用伴房女使者。

迎親　先期仍照例送小第。男家籤寫恭迎成禮四字，女家寫謹於歸四字。並由媒人取女家新親單一紙，註明姓名稱呼。正日男家貼路徑單於門口。午刻媒人先行坐席，吃三道菜卽拜辭押轎或汽車或馬車先行至女家。女家先一日晚新娘裝扮，恭拜家堂家廟。坐席占首位，諸女客相位，名曰待新娘。正日花轎或汽車到門，女家亦貼路徑單於門口。上轎時男家接親，照料亮轎，男女兩家均有頭燈、提燈、宮燈，惟男家多子孫喜燈一對。媒人堂上坐席後，音樂三奏，新娘吃和合飯畢，然後裝扮上冠，或戴並頭蓮，或披兜紗。掌燈二人引出上轎，音樂前導。送親者隨轎或汽車緩緩而行。此時男人新郎亦吃和合飯畢，衣冠端整，坐於新房。花轎門，請家客二人衣冠立於堂上贊禮，迎接新娘，下轎迎入新房來與郎雙雙坐於床上，男右女左。謂之坐床，坐床畢，兩雙雙出房，並立堂前，由男家雙全女親用秤或機杼揭去頭蓋，行香拜神並參拜諸親。禮畢，然後回房。新人回房時，前有用布袋墊路，前後傳接，新人踏布袋而行，取傳從代意。今則少用此禮矣。新人回房，行交拜、坐床、撒帳、交杯、合巹禮畢，然後卸裝上筵，子孫桶內有喜蛋喜果一包，攙扶（伴新娘之女傭）送與本家太太，名曰送子。次日男家出名人往女家謝親。女家一早送粽糕兩副，糖參湯各一杯於男家，名爲送早點心。

以外尚有三朝、回郎、同房、上門等等，近多從略。至於新式嫁娶，有完全不用儀式，由男女自由選擇，先行同居，經過短時期，然後招集親友，宣告結婚。普通所謂新式婚禮，一切尚仍舊套，惟於結婚日，用一證婚書，擇親友中一資望較高者爲證婚人，簽名蓋章，交換戒指，謂之文明結婚。花轎則改爲汽車。上綴紅綠花球，前有著花衣之幼童八人，俗稱行人，音樂一隊，緩步前行，汽車則蠕蠕然隨之。美國人嫌英國火車太慢，誚之爲烏龜，使其見吾國新娘所乘之汽車，不知當譏爲何物？

杭市男女結婚年齡每多在二十歲以上。舊式訂婚，往往女小於男。而所差之數，又以偶數爲多。女小兩歲或四歲者爲上婚，六歲以下爲下婚。適與紹興女大於男之風相反。富貴人家，擇壻頗嚴，亦常有年滿三十始嫁或未嫁者。舊式婚姻居十之七八，新式者不過十之二三。再娶再醮之風通行。再醮尤多於再娶。再醮俗名討填房，討大清娘者也。討再醮婦者少，禮亦簡單。再醮俗名死丈夫嫁丈夫。寡婦與人姘識者亦多。納妾之風尚盛，以殷富及商人爲最，政界服務人員納妾者亦不少。至於全市每年嫁娶人數常在八百人以上，一千四百人以下，通常娶多於嫁。

喪葬儀式

杭俗喪葬，專重迷信，去禮遠甚，近則借親喪爲夸富炫勢之會，則更不可以爲俗矣。茲擇其舊式喪禮之通行者，略述於後。

批書入殮　人臨危時卽焚燒箔錠紙轎及草鞋三隻。死後請陰陽生稱爲山人者，推擇入殮接煞之時日，以白紙或黃紙書之，斜貼於大門之外，俗稱斜角，又稱爲斗書。死者房中牀帳被褥，盡行拆去，將屍體掉頭，以紙蓋臉，以瓦枕頭，脚後擺磬一口，不時敲擊。棺中應用衾枕被服等類，用條箱架裝載，以千金帶紮好，另掛秤一支，用鼓吹行往就近井邊，焚錠一提，取水少許，投銅元一枚於井，再至河邊焚錠取水，投銅元一枚於河，名曰買水稱衣，其水名陰陽水。回家將水燒熱，沐浴尸體，稱回之衣。由孝子立於凳上一一穿好脫下，以針線上下縫之，名曰盔衣。然後着於屍身，用千金帶縛好，請至廳堂停放，材蓋脚套米斗一個，僧人唸經，名曰小殮。待入殮時辰已到，仍須山人燒太歲紙馬，幷揭斜貼之斗書焚之，孝子捧脚。男女親人均跪於材前。材內底下略用桴炭草紙蓋好，再壓以七星板，以燈心或紙巾包周圍塞墊。分金掛綫畢，將衾包好，親人兜金掩蓋，一面鼓吹鳴炮，親友排列而送，名曰大殮。至親密友，有於小殮以前送錠帛綿箱被褥茶點及樹燈者。惟送樹燈均係小輩。此種樹燈由寺院中租出，高約丈餘，下有座，上有寶蓋，均有畫裝金。中立一柱，柱周圍排列曲柄燈座凡七層。每層點琉璃燈七盞，共四十九燈，其形如樹，故曰樹燈，燈心紙包數有一定，以死者壽歲爲比例。如死者六十歲，須用包六十二個，蓋除本命外，尚加一天一地之數。若在八十一歲死，則臨絕之時，家中須捽毀算盤一把，以其爲九九盡數。不如是，則生者不利。以前報喪者至親眷家報喪後，親眷俟其出門，即毀碗一個以祓不祥。今則多以電函訃聞，此俗已略有破除。

三朝接煞　死後之第三日爲三朝。用陰陽生或道士設壇念經，名曰打掃。是日乃設靈位，門前攤列喪牌，文如訃狀，孝子戴黃蔴巾，穿蔴鞋，孝婦披黃蔴，此爲三朝之禮。接煞者以歿日干支推算。如山人之術語，甲巳子午九，丙辛寅申七，假如甲寅日死則應十六日接煞。是日於死者房內設一座位，以臨終時卸下之衣服，用椅一張，上下鋪放，供於臨終床前，桌上擺木盤一個，用鏡一面，點琉璃油燈一盞，道士旁坐念度人經一卷。念畢，靈位撤去，道士打掃，送出街心，再以雞蛋雞血盛磁碗中以廚刀碎於中庭，言煞神凶惡，以此祓不祥也。煞期去歿日至多十八日，至少爲九日。是日親朋賻吊者畢至。

做七　做七須在第六日上，故首七名曰敲頭六兒。須用土地廟和尚。因首宜敲打，道士不能也。餘則僧道不拘。做七時拜十王懺，還受生經，觀燈，放焰口。四七多由親戚送做，六七例須女壻送做。女壻太多，則免做，或改做七七。七七稱爲斷七，無女壻者由親戚中小輩代之。如送七太多，竟有做十一個七者。杭俗最怕做七，又最怕不做七。所謂做七者，如初一日死至初七日，則做頭七。初四日死至十七日，則做二七。大抵男怕撞頭，女怕撞脚。謂頭七與斷七均屬死七，撞者當受莫大之痛苦。倘全不撞七。又謂於生者不利，故有死的不撞七，活的沒得吃之諺，其補救方法則於六七日買生餛飩若干，蒸熟供於靈桌，旁晚集子女眷屬撮而食之。如此。活者沒得吃之諺便不效矣。杭諺有撞七歌詞曰，頭七撞七，死鬼打得叫屈，二七撞七，靈床兒供在壁，三七撞七，喪家發蹟，四七撞七，牆壁坍突，五七撞七。子孫有得吃，六七撞七，女兒發蹟，七七撞七，眼睛突出。觀此，杭人迷信之深可知也。

開弔舉殯　出殯先一日開弔。以前富有之家開弔時，儀文極爲繁重。門外高搭喪亭矗立雲間。有東西轅門，左右鼓亭，自門外至靈前，夾道均有人伺候。客至則敲鼓，敲鼓亦分等級。男客敲三下，有職位者幷升炮。女客敲四下，和尚尼姑敲一下。敲吹迎送，內外傳呼，有如演戲。今則漸從簡單。且改跪拜而爲三鞠躬矣。舉殯之先晚，於半夜上祭，下半夜撤祭。是夜例須用歌司或徽調鼓吹歌唱，謂之鬧材。五更時男女孝眷向靈前跪拜敬酒，天明時出材。孝子於街上跪接。送喪者男則步行執紼，女則乘轎。轎頂上圍以白布，孝妻孝媳，則加黃麻一塊。行人儀仗，僧尼道士蜿蜒前進，有延長至里許者，人呼爲大出喪。停葬後第三日又去上坟，名爲復山。

作塋安葬 以前做坟，繁文極重，鋪排亦多。官富之家均於坟場除搭蓋工人用之草廠外。尚須搭蓋明瓦廠一座，作會客之用。懸掛燈綵披圍，亦有鼓亭轅門，茶點酒菜，一應俱全。今則僅搭一穴廠，來客吃飯，均在坟親家中。打井築廓，均由坟親代辦。廓分磚廓灰廓兩種。坟親需索極多，葬費常倍於喪費，故杭市有城外人怕吃官司，城裏人怕做墳之諺。今打官司已有律師，城外人不怕矣，而城裏人至今仍怕做墳。蓋以墳親俗稱山老虎，刁滑異常，一草一木，均須賣錢。喪家明知受欺，亦無可如何。故有緩葬之陋俗。緩葬者，固惑於風水，但困於安葬費，不能受山老虎之需索者亦多，故祇作權厝之計。四郊之低垣淺屋，觸目皆是。錢塘門外之臥龍山莊，寶石山莊，西竺山莊，清波門外之楊莊，靜慈寺前之南庫房，皆爲厝柩之所，每停一柩，年需費甚衆，南庫房索費尤貴，人皆稱爲死人洋房。

上述喪葬禮俗，皆深於迷信富於資財者藉以邀福炫闊，由所爲苦貧病之人，醫藥不濟一命嗚呼，薄板棺材，求人施舍，黃土埋骨，大事便了，亦見其死者不安，生者不吉，由此觀之，繁文縟節，不可以已乎。

杭州方言

木老老，大也多也。	木夫夫，顢頇也。
發鬠，驚奇詫異也。	地主阿太，上霸也。
來媽兒，此人也。	刨黃瓜兒，敲竹槓也。
十一老，土娼也。	斜門菩薩，只進不出者。
跳蟹，私生子也。	要子，遊玩也。
黄梁子，兵也。	沒頭蒼蠅，做事鹵莽者。
小耳朵，毫無主見者。	件兒飯，幫人打架也。
空老老，無所事事也。	旱地馬蝗，兇暴强横者。
火銃蓋兒，麻子也。	好得漏，好了也。
東方調，專吃白食者。	荳腐薄刀，二邊討好者。
大青娘，芳齡二八之少女也。	櫃檯猢猻，店員也。
電燈泡兒，癩痢也。	地保阿奶，多管閒事者。
死藤頭，不懂人情者也。	調兒麻子，警察也。
滑三青娘，白相人嫂嫂也。	鸚鵡嘴，擅長說話者。
雷桿木頭，長子也。	銹釘頭兒，教書者。
臘燈頭兒，矮子也。	屁眼鬼，喜愛時髦者。
聊鬼兒，流氓也。	倒運鬼兒，尼姑也。
單棗兒，獨眼也。	求鬼兒，吝嗇者。
棗兒瓜，壽頭也。	直扁擔，小販也。
三隻手，小偷也。	茅山火，經驗不多者。

掌故

杭州西湖最有名　我國西湖共有三十一，中以杭州的西湖最有名，在唐朝以前，還寂然無聲，自從李泌鑿通湖流，白居易蘇東坡築二長堤，於是名聞國內了。

城如掌扇　杭州本有十個城門，現在都已拆去。舊城形勢，如掌扇式，又像東瓜様子，南北長，東西狹，周圍三十六里。

旗下的歷史　新市場本叫舊旗營，俗稱旗下營，在清朝是韃子的駐防地。滿清入關，怕漢人反覆，派兵在福建，南京，廣州和杭州等地駐紮。舊旗營在杭城內，週圍約九里，共分迎紫門，延齡門，平海門，承乾門四個城門。至辛亥年杭州光復，拆去城門，廣闢馬路，日趨熱鬧，隱隱有奪大街市面之勢。

金牛湧出　西湖又名金牛湖，據說宋時曾有金牛湧出，舊湧金門有金牛池爲證。還有一個說法，完全是像形的，雷峯塔和保俶塔是兩隻牛角，孤山是牛背脊，其餘都在水底裏。

十二花神　清初李衞督浙，修造十二花神廟，清帝見中間的花王，面貌凶惡，問起來知中間的是李衞自己，旁邊十二花神，都是李衞衆妾，清帝怒道：李衞配做花王嗎？把像一概毀壞重塑。

大佛笑口常開　大佛寺大佛半個石身有一丈多高，從地湧出，三面環擁山壁，一面正對寺門，佛身比殿宇還高，可惜佛身上有許多斧鑿的痕跡，遠望大佛，似在開口而笑，香客拜佛，從身邊抓出錢來，向佛口裏丟去，據說丟中的，即有一年的運氣。

羅漢忽多忽少　靈隱寺羅漢殿（已焚燬），又叫田字殿，形如田字，四面可通，五百尊金羅漢，比人還高大，衆相異具，遊人可隨意指一個羅漢，依照自己的年齡數去，遇到愁的這一年便是愁；遇到喜的這一年便是喜。據傳說：羅漢雖稱五百之數，却常會增減，從前有個施主，曾做上許多饅頭，一位羅漢前擺一個饅頭，恰好五百零一個，下半年又去上供，只有四百九十九個了。

海的眼　相傳西湖本通海，玉泉池中塔下，即爲海眼。志載有高僧於清漣寺掛錫講經，有一白鬚老人常來聽講，僧知他是龍的幻身，一天，預命徒弟在案下放七隻鐵鍋，到講經的時候，見那老人又來，僧就出其不意，把鍋子套在他頭上，老人被套住，就跳躍不住，地忽下陷，連套七隻鍋子，始壓定。今池中置小石塔處，即鎮龍處，玉泉爲所陷而應穴之地。

櫻桃口　楊柳腰唐白樂天任杭州刺史時，有兩個姬妾，一個善歌，叫做樊素，一個善舞，叫做小蠻。白樂天有詩兩句贈予兩人道：「櫻桃樊素口，楊柳小蠻腰」。後人有詩駁櫻桃口，贊樊素歌喉道：「吐去新鶯穿齒滑，吞來石上滾明珠，朱唇一起嬌無那，細想櫻桃怎得如？」又有詩駁楊柳腰，贊小蠻舞詩道：「衫袖翩翩總不消，細看妙盡在纖腰，輕輕款款尋思去，轉覺粗疏是柳條。」

白樂天害相思　白樂天在杭三載，奉調回京做祕書監，他捨不得西湖，竟害了相思病，對人說：「一片溫來一片柔，時時常掛在心頭，痛思捨去終難捨，若欲丟開不忍丟，戀戀依依惟自繫，甜甜美美實他面，諸君能問吾心病，却是相思不是愁。」親友問他想思什麼？他說：乃是南北兩峯，西湖一水耳。

蘇東坡代還債　蘇東坡在錢塘時，有人打錢債官司，被告欠扇莊錢二萬，說是因爲天久雨，且很寒冷，扇子沒有人買，並不是想賴債。東坡就叫人拿二十個扇面來，用了判筆，隨意作行草及枯木竹石，吩咐原告，快去賣錢，方纔走出衙門，大家知是蘇東坡的書畫，都願出千錢一扇，頃刻之間都已售盡，還有來遲的買不着，俱懊悔不至，這樣，二萬錢的債務，便一筆鈎銷了。

冷泉亭飛來峯　昔人題冷泉亭飛來峯的聯句很多，最著者爲：「泉自幾時冷起？峯從何處飛來？」自提出兩個問題。其後有人答道：「泉自有時冷起，峯從無處飛來。」答來也很玄妙。此外更有；「常恐峯來更欲去，不愁泉冷無時熱。」「山峯且有飛來悔，泉水偏從冷後傳。」「在山本清，泉自源頭冷起；人世皆幻，峯從天外飛來。」

錢塘由來　錢塘舊縣名，秦置錢唐縣，唐以唐爲國矣，乃加土爲塘，明清皆與仁和縣並爲杭州府治，或謂昔華信以爲海潮患，始謀作塘，而泥遠難致，乃堆錢於塘，出令曰：限三日，饋泥一担者，易錢千，衆觀望不信，明日又號於衆曰：泥一担，錢二千，衆稍稍至，然得泥猶不及千担，至三日，又增其値曰：以十千，易泥一簣。衆大驚，全城如狂，老小皆荷泥而至，日已暮，錢亦匱，至者猶繼續不已，乃曰：吾向限日，而父老不至，未嘗謀夜，今雖有泥而無用之，胡不負歸，衆大失望，然負荷而來，有大欲焉，既失其值，則泥也，復何所貴，盡棄於江而去，頃刻之間，積泥成塘。

景中人與人中景　蘇子瞻守杭州，有妓名琴操，頗通佛書，解言辭，子瞻喜之，一日游西湖，戲語琴操曰：我作長老汝試參禪。琴操敬諾，問曰：何謂湖中景。子瞻對曰：落霞與孤鶩齊飛，秋水共長天一色。何謂景中人，對曰：裙拖大幅湘江水，髻挽巫山一段雲。何謂人中景，對曰：隨他楊學士，撇殺鮑參軍。琴操又問：如此究竟如何！子瞻曰：門前冷落車馬稀，老大嫁作商婦人，琴操大悟，即削爲民。

賈似道怪遇　賈似道字師憲，少落魄爲游博，不事操行，理宗時以姐爲貴妃，累拜右亟相，度宗立，以太師平章軍國事，封魏國公，賜第葛嶺，作半間堂，吏抱文書就第署，大小朝政，一切决於館客，日與羣姬皆從，適有二人道妝羽扇，乘小舟由湖登岸，一姬曰：美哉二少年，似道曰：爾願事之，當令納聘，姬笑而無言，逾時，令人持一盒喚諸姬至前曰：適爲某姬受聘，啓視之，則姬之頭也，諸姬皆戰慄。

白樂橋逸事　白居易字樂天，守杭州，政平訟簡，貧民有犯法，令於西湖種樹幾株，富民有贖罪者，令於西湖開葑田數畝，歷任數年，湖葑盡拓，樹木成蔭，樂天每於石蓮亭載妓看山，尋花問柳，民設像祠之。今石蓮亭北尚有白樂橋。白又嘗見天竺石而愛之，受代日，逐取兩片以歸，並賦詩云：三年爲刺史，飲冰復食蘗，唯向天竺山，取得兩片石，此直抵千金，毋乃傷清白。

于墳祈夢 科舉時代，到于墳祈夢的很多，傳說靈驗如神，清乾隆間有一生祈夢，夢見于公給他看一個小葫蘆，這一年沒有考中。後來每次考試終去祈夢，仍是做葫蘆的夢，不過那葫蘆漸大罷了。他夢見葫蘆，便知道不中。這樣到第八次，還是夢見葫蘆，是一個大與人齊的大葫蘆，他心裏很愁悶，到入闈受試，見左右兩少年，一姓胡，一姓盧，結果，這次生與胡盧二生都中。原來生第一次祈夢時，胡生盧生二人，剛纔出世，所以夢見小葫蘆，等到二人都長大了，他夢見大葫蘆，方得考中。

一夢兩兆 還有一夢兩兆的故事：康熙某年試將放榜時，一生于墳祈夢，遇其鄰人自廟中出，告生道：我爲了子嗣祈夢，夢神囑我去請解元解釋。生問：夢見些什麼？鄰人道是一撮瓜子。生道：你命裏沒有兒子的了，瓜字旁邊加一個子字，乃是一個「孤」字啊。鄰人怒道：我要去問解元，關你什麼事？這夜，生雖去祈夢，却未做夢。到放榜日，鄰人預立榜下，想看誰是解元，然後去找他釋夢，不料第一名卽生也，不禁大爲驚異。如此看來，生雖無夢，等於有夢，而鄰人做的夢，是一夢兩兆。

羅隱救人 吳越時，西湖的漁人，每天要獻魚數斤，叫做使宅魚。如果捕不到這斤數的，也得自己掏錢去買來補足。漁人們很覺困苦。一日，錢武肅召羅隱侍坐，牆上有幅姜太公磻溪垂釣圖，武肅叫他做詩，他就應聲吟道；「呂望當年展廟謨，直鈎釣國更誰如，若教生得西湖上，也是須供使宅魚。」意思說，古時的姜太公，雖用直鈎釣魚，倘住在西湖的話，也免不了每天繳幾斤使宅魚呢。當下，武肅聽了大笑，就下令把使宅魚的苛政取消了。

雙投湖 宋妓陶師兒，與浪子王宣教相眷戀，爲惡姆所間。一日兩人遊西湖，夜泊舟淨慈，藕花深處長橋畔，相抱投水而死。時人作「長橋月短橋月」詞衷之，他倆所乘的船，從此沒有人敢坐後值禁烟節，遊人如蟻，船隻被雇一空，有少年欲買舟一遊，看見衹有這情死案中的棄舟停在岸邊，有以陶師兒事相告，少年笑道：「大佳大佳，正欲得此。」即具杯酌，遍遊湖面，盡歡而歸，自後人皆喜雇，舟無虛日。

西湖水乾 諺有「西湖水乾，雷峯塔倒」之說，西湖水乾，是罕有的事，雷峯塔則於民國十二年九月倒了。據「杭俗遺風」一書載：在清道光年間，西湖水乾，斷橋一帶，泥皆燥裂。又一年冬天，西湖連底冰凍，甚至土上抬材，也可行走，而湖心亭因之着白撞賊云。復據「西湖叢話」云：「宋嘉熙庚子，杭州大旱，西湖涸爲平地，茂草生焉。」

西湖划子滄桑 現在我們遊西湖的划子有雪白的布篷，彈簧的沙發，坐在裏面，覺得非常舒適。會划船的人，還可以拿了一把槳，自己划着玩，一槳一槳，劃破碧綠的湖面，緩緩地盪來盪去，眞是心曠神怡，愉快無比。

古時的西湖船，大都不用槳而撐篙的，申屠仲權詩：「紅船撐入柳蔭」，可證。到明朝還如此，明高應科編的「西湖便覽」（萬歷刊本），有武林吳熹寫，新安黃尚中鐫的版畫，上面刻繪，有二種，一種是「一葉扁舟」，沒有遮棚，由舟人立在船上撐篙的，還有一種大概是考究的遊船了，說起來大家不會信，要笑明朝太笨拙，原來船上裝着硬棚，舟人竟是立在棚上撐篙。那些遊客們坐在棚下，頂上有舟人走來走去撐篙，你想這是多麼討厭！在遊客們是「屈居人士」，與坐山轎時的做「人上人」恰巧相反；在舟人們呢，居高臨下，用力撐篙，也缺乏一種從容不迫的精神，似與優哉游哉的盪湖，不能配合。

以前騷人墨客，自出心裁，打造私人船隻，倒也很多。宋賈似道有脚踏車船，脚踏機輪行走，棚上無人撐駕，其速如飛（最近杭州也有人試做脚踏艇子，小巧玲瓏，與賈制恐不相同）。御童巨卿，構造「雲水行亭」，外加絹幔，桌椅床榻，可收可放，用竹牌撐載水中岸上，隨意棲止，又叫「烟波釣筏」。汪明然製樓船，長六丈二尺，廣五之一，入門數步，堪置百壺，次進方丈，足布兩席，曲藏斗室，可供臥吟，側掩壁櫥，俾收醉墨，出轉爲台，台上張幔，若遇驚飈駭浪，欹樹平橋，卸欄卷幔，猶然一蜻蜓耳，陳仲醇題名「不繫園」。此外，阮文達做浙江巡撫，也造新式湖船，名爲「再到行亭」。俞曲園的「浮梅俞」，更加特別，船中載土種樹，竟像一個花園。

「十八女兒搖艇子，隔船笑擲買花錢」這是昔人遊西湖詩，可見那時也有娘兒們在西湖裏做搖船生意，與今日嘉興鴛鴦湖的船娘一樣。據說在民國初年，還有三個漂亮的西湖船娘，叫做「三朵花」。三人均有一條船，各佔一個埠頭，載客遊湖，傾倒了許多老闊。三花中第一埠頭的蘭花，和長橋埠頭的荷花，最爲出色，蘭花妖媚輕盈，豔名尤噪，杏花生在苧籮村，與西施同鄉，但是人頗靜默，不及蘭花的蕩軼。康南海那時候，居住丁家山的別業，領略南湖風景，蘭花時常掉小船兒，接送康聖人來去，一葉中流，喁喁情話，康聖人終究將買書的錢，買了這一朵花去，作爲自己房中的清供。杏花操舟不久，跟一客人逃去，祇剩荷花當時仍在杭州生活，三花中間，本來她的年紀大些，如今算起來，差不多有四五十歲，是一個老太婆了。

名勝介紹

西湖全景

西湖四時景色

春　孤山月下看梅，八卦田看菊花，虎跑泉試新茶，保俶塔看曉山，西溪樓啖煨筍；登東城望桑麥，三塔基看春草，初陽臺望春樹；山滿樓觀柳，蘇堤觀桃柳，西泠橋玩落花，天然閣聽雨。

夏　蘇堤看新綠，東郊玩蠶山，三生石談月，飛來閣避暑，壓堤橋夜宿，湖心亭採蓮，湖晴觀水面流虹，傍晚聽輕雷斷雨，乘露剖蓮雪藕，空亭月下鳴琴，看湖上風雨欲來，步山徑幽野草花。

秋　西冷橋畔醉紅橋，寶石山下看塔燈，滿覺隴賞桂花，三塔基聽落雁，勝果寺月巖望月，水樂洞雨後聽泉，資嚴山下看石筍，北高峯觀海雲，策杖林園訪菊，乘舟風雨聽蘆，保俶塔頂觀海日，六和塔夜玩風潮。

冬　湖凍初晴遠眺，雪霽策蹇尋梅，三茅山頂望江天雪霽，西溪道中玩雪，山頂賞茗，山居聽人說書，掃雪烹茶玩畫，雪夜煨芋談禪，山窗聽雪敲竹，除夕登吳山看松盆，雪後鎮海樓觀晚炊。

右景目爲錢塘高濂深父所定，若分配十二月，則各有所宜，如下：

一月冒雪尋梅，入山搜洞。

二月靈峯孤山烟霞洞看梅，酒樓菜館嘗春筍。

三月保俶塔看曉山，靈隱天竺趕香市。

四、五月獅子峯選春茶，初陽台望新樹，杏花村樓外樓食醋魚，九溪十八澗聽泉，雲棲韜光花塢看竹，虎跑寺評泉，雨後看春波，侵曉看薄霧。

六、七、八月三潭印月賞荷，杏花村樓外樓試蓴，湖艇看雲，西冷印社待雨，白堤、蘇堤步月，南北高峯觀海日。

九月滿覺隴訪香桂，三潭，平湖賞月。

十一月孤山，公園，汪莊看菊，西溪賞蘆，初陽台候日出，湖畔畫丹楓，南山聽晚鐘。

十二月斷橋觀雪，紫雲洞探幽。

其他若飛來峯賞石，玉泉觀魚，湖濱閑坐，四時皆宜。

西湖十景

雙峯插雲

雙峯插雲

在九里松南北兩高峯之間，爲十景之一，舊稱「兩峯插雲」。清康熙時於此建亭勒石，題「雙峯插雲」。蓋湖上諸山，以南高峯北高峯爲最，在此眺望，適見兩峯相對峙也。在湖上亦可見之。

曲院風荷

曲院風荷

在跨虹橋西，爲十景之一，宋麯院在金沙港西北，因其地多荷。故名「麯院風荷」，清改「曲院風荷」，後爲「崇文書院」。

斷橋殘雪

蘇堤春曉

斷橋殘雪

在白沙堤東。宋名寶石橋，元錢惟善有「阿娘近住段家橋」句，亦稱段家橋。李衞西湖志據吳禮之「長橋月短橋月」詞，又稱短橋，橋東有「斷橋殘雪」亭，爲西湖十景之一。

蘇堤春曉

堤築於宋元佑間，自南山抵北山夾道植柳，爲蘇軾所創，故曰蘇堤。清聖祖題爲十景之首。爰建亭於望山橋，後改岑樓。又搆曙霞亭於後。春時晨光初啓，宿露未收，雜花生樹• 英飛蘸波，宛如列錦鋪繡。

三潭印月

三潭印月

在湖心亭南，爲十景之一。昔人謂三潭深不可測，故建三塔鎮之。繞潭作堤，自南登岸，清聖祖御碑亭後，石橋曲折，亭護朱欄，亙魚沼上；再進爲精舍數楹，額曰「迎翠軒」；後爲虛堂，關帝廟位其前；廟稍北當路側爲卍字亭。自此或東取竹徑，或北走石橋，曲折達浙江先賢祠。疊石峙立池心，即小孤山。出池百數十步，乃至潭後，臨湖有額曰「小瀛洲」。

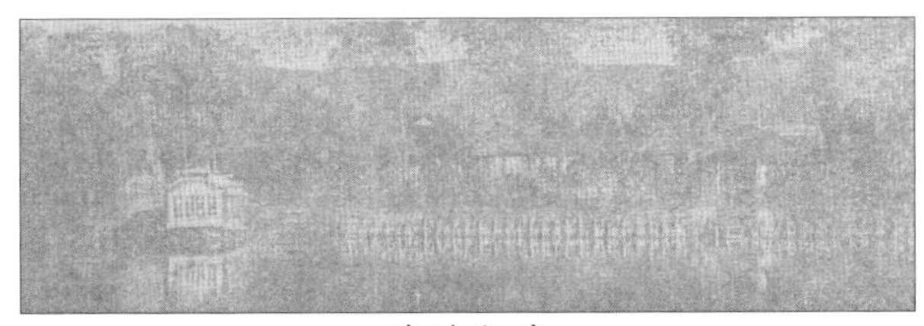

花港觀魚

花港觀魚

在映波，鎖瀾二橋間，爲十景之一，舊有亭已廢，今復舊觀湖水清澈，昔蓄魚甚多，以餅屑投之，即紛紛出水面爭食。

平湖秋月

平湖秋月

當孤山東路之口，爲十景之一，本爲明季龍王堂遺址。清聖祖南巡，建亭其上，立有御碑，前臨外湖，亭旁搆重軒，於此觀月，最爲澄潔。懸聯云：「萬頃波平長似鏡，四時月好最宜秋」。

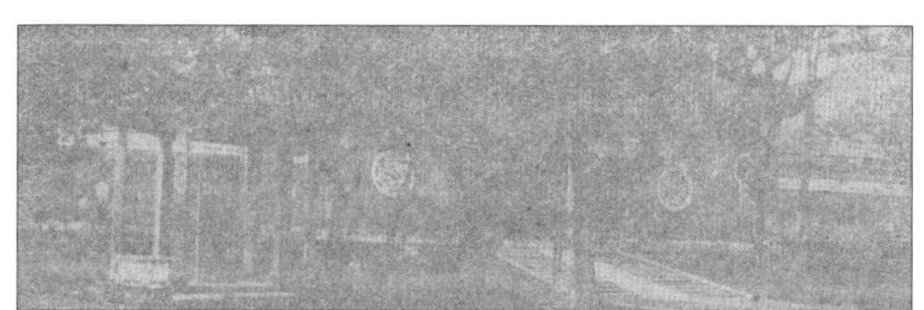
南屏晚鐘

南屏晚鐘

南屏山正對蘇堤，在淨慈寺右，寺鐘聲動，山谷皆應，逾時乃息。舊時「南屏晚鐘」嘗改爲「南屏曉鐘」蓋夜氣方清，天籟俱絕。鐘聲乍起，響入雲霄，至足發人清省也。清聖祖仍以晚鐘題之。築亭寺門之前，面臨萬工池，更勒石於池北，建御碑亭焉。

柳浪聞鶯

柳浪聞鶯

在湧金門之南，錢王祠之右，清聖祖所題之碑在焉。背負堞雉，面臨方池，春時柳絲踠地輕風搖盪，如翠浪翻空，黃鶯睍睆其間，流連傾聽，至可動人。

雷峯西照

雷峯西照

在淨慈寺北。有山來自九曜，逶迤起狀，爲南屏之支脈，因昔人雷就居之，名曰雷峯。吳越王妃建塔其上，每當夕陽西墜，塔影橫空其景極佳。本名雷峯夕照，康熙改爲雷峯西照　並書碑建亭於塔旁。塔磚皆赤色，籐蘿牽引，蒼翠可愛，于民國十三年舊歷八月二十七日傾頹，從此蒼烟暮色中，不復能覩雷峯盛景，不免令人欷歔了。

杭州風景區

沿湖區

湖濱公園　在新市場瀕湖，計有公園六。沿湖設欄。中植花。夏季納涼，多集於此。

湧金門外　湧金係北宋城門名，謂其地卽古金牛出現之所，新之爲名。遊南山者，多假道於此，瀕西有問水亭，僅留舊址。附近有放廬，係杭人黃元秀別業：廬旁有味閒草堂。沿湖而西，北爲亭子灣，有宋環碧園址，平沙淺草，延緣數百步，淸爲校閱之所，今爲省立民衆教育館之公衆運動場。

澄廬　本爲武進盛氏別業，現已收歸公有。蔣主席來杭皆於是處作行轅，其旁有味蒓湖舍及董氏別業，但董之別業今已改作大華飯店矣

柳浪聞鶯　在錢王祠右。

錢王祠　在淸波門北，祀吳王錢祠。近年重建，祠前有功德坊，俯臨湖岸。平堤垂楊披拂，萬綠中碧殿丹宮，掩映林表，景絕壯麗。

三潭印月　在湖心亭南，爲十景之一。昔人謂三潭深不可測故建三塔鎮之。

湖心亭　居全湖中央，爲明知府孫孟建；初名振警亭，淸聖祖題曰「靜觀萬類」。旁有聯曰：「波湧湖光遠，山催水色深」。繞亭皆水，環水皆山，太虛一點，實踞全湖之勝。故「湖心平眺」亦爲十景之一。

阮公墩　在湖心亭西北，淸巡撫阮元開濬西湖，棄土於此，故名。地作圓形，惜無亭宇，僅荒樹數十株而已，民國二十年市政府乃撥爲童子軍露營場所。

戚繼光紀念塔　原名西湖博覽會紀念塔，在正對中山公園之湖中。

蘇堤　宋元祐間，蘇軾守杭州，開濬西湖，即日其葑泥積湖中成一長堤，南自南屏，北接岳廟，綿互數里，因分西湖為裏外。舊夾道植柳，故有六橋煙柳之稱。

蘇堤春曉　得十景之首在壓堤橋南。昔人為謂西湖四時皆宜，就中以春曉謂最。

夕照寺　為吳越王建，初名顯嚴院，後改為夕照寺，雷峯塔院也。其旁雷峯之上有紅籟山房，為粵人李茂所建。

汪莊　在夕照之東，海上茶商汪氏別業。亭台樓閣，泉石池沼，佈置精緻。精室數楹，中藏有古琴。秋季菊花盛開，繽紛五色，爭奇鬥妍，尤嘖嘖於杭人士之口也。

漪園　明末稱白雲庵，清雍正時，郡人汪獻琛重加修葺，改稱慈雲。中構亭榭，雜蒔卉木，治堤築橋，以通湖水。清高宗南巡於此，賜名漪園，園右有月下老人祠均集成句，甚典雅。

雷峯塔遺址　在淨慈寺前雷姓築庵居此，因名又稱中峯，回峯。吳越王妃黃氏建塔其上，名雷塔，亦名黃妃塔，或譌呼黃皮塔。民國十三年九月塔忽傾圮，發見經卷甚多。現惟磚土一堆，十景已缺其一。

淨慈寺　在南屏山麓，為後周時錢王宏俶所建，號慧日水明院。宋改為壽寧禪院，後改為淨慈報恩光孝禪寺。明凡兩燬兩建。清聖祖康熙三十八年南巡幸此，書淨慈寺額及西峯二字，發帑重修。門外有萬工池，以力役者人，故名。然實一小蓮塘耳。寺前有亭，中立「南屏晚鐘」碑。寺故有名，重建大殿，今已竣工，殿前有井曰雙井，宋僧法薰以杖扣地，出泉二道，甃以爲井。羅漢殿後，有圓照井，亦名饅井。大殿之傍，有濟祖殿，中有神運井，相傳濟顛自此運本，供建寺之用，今餘木尚在井，遊人欲觀，須給僧以錢，乃縋燭導觀。

張蒼水祠　在南屏山麓太子灣前。祀明僉都御史張煌言。祠址甚廣，夾徑遍植杉檜，池榭種錯，山幽靜。

赤山埠　在蘇堤映波橋西南，地當赤山，下通小南湖，爲遊南高、虎跑、龍井、煙霞、石屋等處必經之道；西爲玉岑山，水曲爲浴鵠灣，元張伯雨結廬於此，額曰黃篾。兩山間有惠因澗，有鐵窗櫺；澗水自窗櫺出折入西湖。有法雲寺，面玉岑，吳越王建，舊名惠因院。宋高麗國王子入貢，因從寺僧淨源學，故有高麗寺之稱。清乾隆二十二年賜名法雲講寺。山陰有筲箕泉，元時黃公望居此。

花港觀魚　在映波鎖瀾二橋間，爲十景之一。有花木亭榭，可以小憩。

高莊　即紅櫟山莊，與花港觀魚毗連，爲邑人高氏別墅。結構精雅，爲湖下別墅最幽雅者。

劉莊　即水竹居，在秀隱橋西，爲廣香山劉學詢所建，樓閣亭榭，極其宏麗，中有花竹安樂齋，面臨湖山，最得天趣。左爲家祠，最後爲其墳墓，係白石造成，一部份已闢爲來賓館旅舍。

丁家山 古名一天山，爲南高峯支脈，在金沙堤西南，與北岸棲霞相對。西沿麥嶺，三面無鄰，又名小孤山。臨湖植桃百餘，有桃源渡亭。長堤二十餘丈，左右有荷塘，稱藕波陌；其上卽爲西山公園。登山，綠竹漪漪，磴道十餘轉，凡二百餘級。登其巔，則錢江，蘇堤如帶；杭城如掌。西湖風景之佳，莫過於此。

茅家埠 在大麥嶺後，花家山下，爲通天竺，龍井等處之要道。凡南山，龍井諸泉，及北山分流之水，皆自此入湖。有臥龍橋可通舟楫。

郭莊 在臥龍橋外，爲清季邑人宋端甫建。今屬汾陽郭氏，故改稱郭莊。

曲院風荷 爲十景之一，在跨虹橋西。宋麯院在金沙港西北，因其地多荷，故名麯院風荷。清聖祖南巡，改今名，後屬崇文書院。

岳王廟 在棲霞嶺下裏湖之岳湖北岸，祀宋少保岳忠武王。廟貌宏麗，爲湖上諸祠冠，正殿奉王像，後殿供王父母像，旁配王夫婦，暨王女銀，壻張憲。五子五媳則在兩廡。廟右有亭，保存精忠柏化石數段，扣之作金石聲。西則爲鄂王墳，墓門之外，過橋之小池，旁有井曰忠泉。墓木皆南向，有檜樹爲雷火所劈，人以爲秦檜分屍之像。明正德間指揮李隆鑄銅爲秦檜，王氏万俟萵三像，反接跪露臺下，後有范淶復增以張俊；今皆易爲鉄像。廟前有石坊，題曰「碧血丹心」附近多食肆果攤，宛成小市鎮。遊西湖者，輒至此拜謁焉。

李公祠 祠在岳墳附近徐達河頭。初祀李鴻章，名曰李公祠，現所祀者爲李鴻章、帥承法、曾國藩、彭玉麟、劉典、楊濬也，現作昆虫局址。對面有甬人盧鴻滄別業曰卍字草堂，依山而築，構造甚奇。

鳳林寺 俗稱喜鵲寺，在葛嶺西。唐烏窠禪師道場。禪師名圓修，居此四十餘年，有大松盤屈如蓋，乃棲其上，明宣德間，僧如月重建，敕名鳳林寺。內有君子泉，寒洌而深，若方沼然。

秋女俠墓 在西西泠橋，女俠名瑾，紹興人，爲清季革命女子，後因徐錫麟，株連受誣被誅，曾葬湖南，後改葬於此。

蘇小小墓 在西泠橋側。小小南齊時人，爲錢塘名妓。

嚴莊 在葛嶺下瀕湖處，清爲直隸總督楊士琦之別業，今歸嚴莊。近已租於杭關監署作署址矣。其旁有鏡湖廳，爲杭市政府專門讌會而用者。

葛嶺山莊 在嚴莊之旁，爲沈氏別業。

招賢寺 一名玉佛寺。元時燬，清季重建。旁有靜觀堂及顯功廟，市府大禮堂等。

秋水山莊 面對孤山，後依葛嶺，爲史量才氏之別業。

瑪瑙寺 在葛嶺下，前有停鷹石，佛殿大鐘曰長鳴鐘。寺旁有閩人林氏之樂園及小雲寄廬，其下有菩提精舍，多子塔院，及吳興劉氏別業之孤雲草舍，項氏之春暉小築。瀕湖之抱靑別墅，已改作葛嶺飯店。

智果寺 葛嶺之左，有參寥泉，江湖偉觀諸勝：下有毓秀庵，浙江省國術館，吳開遠侯祠，省廬，王莊及張靜江氏依嶺新建之靜逸別墅。

小蓮莊　在寶石山東南，前後毗連，均爲吳興劉錦藻建，俗稱小劉莊。倚山面湖，風景頗佳。其西湖濱處，曰東泠，與西泠遙對。

大佛寺　在寶石山南麓，爲宋僧思淨建。元季燬，明季重建，中奉大石佛；或傳其頭爲宋賈似道用以繫纜之石樁，或以爲秦始皇纜船石。咸豐間燬，後雖重建石佛殿，而石像迄未修，佛頭蒼苔斑駁，難以辨認。右邊有彌勒院，建於清光緒間。旁有吳興劉氏之留餘草堂。

斷橋　在白沙堤東，宋名寶石橋，元錢惟善有「阿娘近住段家橋」之句，故亦稱段家橋。李衞西湖志：據吳禮之長橋月、短橋月詞，又稱短橋，橋旁有「斷橋殘雪」碑，爲十景之一。該碑自博覽會後，因建築馬路，已由左而右矣。

白沙堤　在錢塘門外，自斷橋起，迤邐經孤山至西泠橋止，長三里餘。堤北爲後湖，南爲外湖中建望湖亭、錦帶橋、垂露亭，爲一湖之勝。陸遊孤山湖北而入靈竺必經之路。清雍正二年，曾加高廣，近則建成馬路，行者稱便。堤始於何時，未詳，或訛爲白公堤謂爲樂天築，實非。按白公堤在錢塘門北，由石函橋北至武林門者是。民國二十三年，西湖大旱，已現湖底。市政府乃以西湖之淤泥增廣堤身，故自斷橋一帶之堤身，較之錦帶橋至平湖秋月之一帶寬闊多矣。該處近已闢作堤白公園。

昭慶寺　在錢塘門外，舊與雲林、淨慈、聖因稱四大叢林。咸豐辛酉燬於兵，同治五六年間有外來僧某，結蓋草庵；至光緒初重新大雄寶寺；客堂僧舍，略具規模。自雲棲僧接主方丈後，苦志經營，未及十載，恢復舊觀。民國十八年，戒壇於西湖博覽會，因製焰火失慎，現已重新落成。

哇哇宕　在昭慶寺後。元時改築杭城，採石於此，鑿久成宕，故名。由棋盤山（卽彌陀山或名霍山）東轉而下，有三石池。中一池石壁石廣，云是龍湫。遊其間者，小語小應，疾語疾應，譁然叫笑，答應滿谷；人或曳履而趨，亦若有拽履者躡其後，眞佳境也。

孤山區

孤山係北山棲霞支麓，聳立於湖北。南爲外湖，北爲後湖，中東以白堤通錢塘門西北繞於北山麓。宋時林和靖隱此。當全湖衝要，爲遊者所必至。

平湖秋月　當孤山東路之口，爲十景之一。

蘇文忠公祠　在陸宣公祠西。清嘉慶時建，祀宋蘇軾。軾嘗守杭州，濬河築堤，興水利，幷爲湖山增色。

白公祠　在路北，祀唐郡守白居易，並附祀唐絳州刺史樊宗師。考樊刺史與香山友善，生平雄於文，有緜州越王樓詩序，絳守居園池記，膾灸人口。自元迄清，浙東西先箋淺注樊刺史遺文以及品藻敍述者，有十一家之多。廿四年夏，蘇白二公祠宇均重建，爲藝專之舍宿，中之一隅，爲二公公祠之紀念堂。旁有照膽臺，建於明萬歷時，祀後漢關羽，近亦重建爲藝專校址一部。

徐烈士墓　在路北，正對羅苑。烈士名錫麟，浙江紹興人。家富於資，旣就學日本，主種族革命。歸以資爲道員，詣安徽謁巡撫恩銘謀綰軍符，以便舉事。旋被任爲巡警學堂會辦。光緒丁未五月巡警學生會操，恩往閱，烈士以手槍擊之不中，其黨陳伯平戰死，烈士與馬宗漢就擒被殺。光復後移葬於此，墓前有烈士石像。

浙江忠烈祠　在三忠祠北，本清行宮，爲清康熙四十四年南巡駐蹕之所。雍正五年改爲聖因寺，燬於洪楊之役，後稍舊觀。辛亥民軍起，浙軍以攻江寧而陣亡者，就寺後祀之，曰南京陣亡將士祠。祠前有紀念碑。今祠址已撥爲西湖博物館之一部。

西湖博物館　館址卽爲著名海內之文瀾閣址，在孤山正中，爲清前宗南巡時行宮之一部分，舊藏四庫全書。咸豐間燬於兵。光緒六年浙撫譚文勤公鍾麟重建，邑人丁申，丁丙補鈔閣書，尚有缺者，嗣由前教育廳長張宗祥補鈔竣事。東南文獻，賴以不墜。今全書已移置浙江圖書館孤山分館。

中山公園　在文瀾閣西偏。舊爲清行宮宮址，倚山而築，今改爲中山公園。亭欄曲屈，花木參差，登高處則全湖盡在目中，有浙軍凱旋紀念碑。

浙江圖書館孤山分館　在中山公園右。原爲浙江圖書館址，自大學路新館址工竣後，該處乃改爲孤山分館，專藏四庫全書及木版與善本書籍。

西泠印社　在朱公祠右，頗饒古逸之趣。有照閣，四面玲瓏，憑窗可覽全湖；該社主持人現爲韓登安氏。

廣化寺　唐時稱爲孤山寺，內有宋蘇軾所名之六一泉，所以紀念歐陽修也，僕夫泉、參寥泉，金沙井等，今皆廢。太和園、樓外樓酒菜館在寺之左右，可小酌。

俞樓　德清俞樾別墅曰小曲園，久廢，今改三層西屋。再過卽武進盛氏家祠及杜月笙氏杜莊。西北行可至西泠橋，白堤盡於此。

西泠橋　橋在孤山之西，卽古之西村喚渡處，一名西林橋，又名西陵橋。從此可往北山昔趙孟堅常客武林，値菖蒲節。山之前後，舊有閑泉周公謹遨遊西湖，薄暮至此，靠舟茂樹間，指林麓最幽處，曰：「此眞董北苑得意筆也」。橋後損毀，民國三年重修建。

馮小青墓　在林公祠左。小青爲明武林馮生姬，其姓不著，工詩，見嫉於大婦，徙居孤山抑鬱早卒。其後爲宋馬鞠香女士墓；生前喜吟林和靖詩，死後葬此。民國四年，吳江柳亞子爲伶人馮春航立碑小青墓側；因馮善演小青故事，又同姓，爲留片石以誌緣。

巢居閣　在放鶴亭左，相傳爲宋林逋建。登閣喧笑，答應滿谷，景目爲「空谷傳聲」。逋性愛梅，曾手植三百株，已多萎，今山上下之梅，皆後人補植，閣址現已撥作杭童子軍理事會會址矣。

放鶴亭　在巢居閣右，可由西泠橋旁或平湖秋月對門轉入。爲元陳子安所建，以林逋首於此放鶴也。景目爲「梅林放鶴」。民國四年重修。清聖祖南巡爲題額，並書舞鶴賦一篇，勒石亭中。亭後有鶴冢。亭前於十八年西湖博覽會時新建木橋，可直達後湖各處。

葛嶺區

葛嶺區以葛嶺爲最高峯，東支爲寶石山，彌陀山，西支爲棲霞嶺諸山，昔皆歸於北路山，今以北山路過廣；且葛嶺山麓新闢馬路，故特立一葛嶺區。

彌陀山　在昭慶寺後，寶石諸山之支麓也。自葛嶺伏入地脈至桃花港突兀而起。山頂昔有大石棋枰，上刻棋子當三十二而缺卒，今廢。

彌陀寺　在彌陀山北。光緒初，有外來僧某，在山之陰，以彌陀經字摩崖；尋倚壁建彌陀寺。門臨溪水，緣樹成陰。從石橋一折而入，頗稱幽寂。

寶石山　在錢塘門西北，高六十三丈，周十三里，一名石甑山，又名巨石山。前經日本領事署折入，拾級而上，見一白堊之病院，卽至其巓。

保俶塔　在病院西，爲吳越相吳延爽建。俶吳越王之名。世訛爲寡嫂祈叔平安而建，因稱保叔塔，亦稱保所塔。曾毀，後重建。高倚天外，尖削如春筍出土，內實而不可登。昔與湖南雷峯塔相對，今則雷峯已歸烏有，當時所號爲湖上雙浮屠者，僅存其一。此塔於前年重建，煥然一新，但已無舊日之古樸可愛矣。塔下舊有寺曰崇壽院，今廢。清光緒時，英人梅藤更於其地建西屋爲病院，後官廳以巨價贖還，改建浙江陸軍衞戍病院，現已撥作別用，塔旁有落星石，一曰壽星石，亦曰萬歲石。又有看松臺。鄰右有亭，曰來鳳亭，亦稱西爽亭，爲清閩浙總督李衞建。木落秋高，山巖瘦削。風景佳絕。塔後有右屏風，再進爲川正洞，洞左有右峽，徑甚隘，僅可一人行。石西有巾子峯，再西爲寶稷山；山石玲瓏，可以登覽湖景。

蝦蟆嶺 在錢塘門外，寶石山南。有二石，遠望極似蝦蟆，故俗稱蝦蟆石，實名壽星石，或名萬歲石。

葛嶺 在寶石山西，亦名葛塢。相傳晉葛洪葬此。與寶石諸山相通。

初陽臺 在葛嶺最高處，平衍數畝，南則全湖歷歷，西南則諸山蜿蜒，北則萬頃平疇，房廬可數，東則烟火萬家，之江大海，隱隱天際；極遠近眺覽之勝。

黃龍洞 在掃帚塢。舊傳附近有黃龍出現，故名。洞不甚深，近年加以開鑿堆叠，乃臻幽邃。旁有數小洞，正洞中立一佛像甚偉。距洞數十步，由粵人道教中斥資築廟，廟中構假山瀑布，清雅宜人。所謂龍洞，無門洞者，均係黃龍洞之別稱，各遊覽指南內所稱恐有誤。

金鼓洞 在劍門嶺南。昔人伐石其間，聞金鼓聲作乃止。洞不甚深，洞口甚廣，洞壁兀立，儼若削成者。旁有泉一泓，曰金鼓泉，明漪徹底。

白沙泉 在金鼓洞右，石壁康鐫有爲書「白沙泉」三字。泉自洞中流出，甘而白，涵爲一池，不溢不竭。

蝙蝠洞 在棲霞嶺後，金鼓洞北，洞口不大，入內則寬廣，由兩山壁夾立而成，夏時壁縫間蝙蝠纍纍倒懸，大者尺許。是洞幽邃，不減紫雲，煙霞，惜未加修理，洞旁又無寺廟，故遊蹤絕少。

紫雲洞 去妙智寺二三百步。棲霞五洞，此爲最奇；峭聳嵌空，石色若暮雲凝紫，陰涼徹骨。從洞下級二十餘，隆然若堂，內外明朗，空中有樓倒垂，上設峻檻，有階可升，中供觀世音石像，座鐫「紫雲洞天」四大字。旁有深穴，窺之黑暗。沿洞入又得一洞，亦敞豁，當天小孔如掌大，目光下射。壁藤森瘦，皆從裂處上剌。右有削壁，牛覆牛倚，低至壁根，有洞方可消夏。洞側有雲寺，寺額廢，僅榜「紫雲古洞」四字。洞下半里許，有懶雲窩，附近有宋輔文侯牛皋墓。皋字伯遠，汝州魯山人，爲岳忠武部將。爲秦檜令都統制田師中毒死。

北山區

北山區內，將令遊程紊亂，殊爲不便，玆已另列孤山區於前矣。今姑定仙姑山、雙峯插雲、桃源嶺，北高峯、天竺山五處爲北山區。

仙姑山　介於棲霞、靈隱間，一名靈苑山，一名東山。西爲鮑家田，北爲青芝塢，又北爲桃源嶺，下爲耿家步。附近有宋烈文侯張憲墓，元總管夏思忠爲立表識。

清漣寺　在仙姑山北，青芝塢口。南齊時，爲淨空禪院。乾隆三十八年，聖祖幸此，賦詩，改名清漣。旁有西式屋三座，爲廣西岑春煊所構。寺內有泉曰玉泉，發源西山伏流數十里，至此始見。池方廣三丈餘，清澈見底，底積綠苔，中有小石塔，蓄五色魚，長或及三四尺，池上屋三楹，榜曰「魚樂國」。旁有洗心亭、皺月廊，沿廊置座。寺僧煎茶歡客，幷備麵餅，供客投餌，魚揚鰭而來，聚吻爭吞狀殊可觀，是以「玉泉觀魚」爲遊湖勝事之一。又有細雨泉在寺後，泉上有晴雨軒眼泉下通，浮激波面，狀若細雨，因名。

靈峯寺 在仙姑山西北，舊名鷲峯院，吳越王建。清道光時，加以修葺。其地故多梅，洪楊刼後，無有存者，宣統間吳興周慶雲就寺門外靈峯亭以至半山來鶴亭，補裁三百本，復構補梅盦，盦右爲掬月泉，形如半月，前有屋，小如艇，後有長廊曰羅漢廊。自掬月泉側石徑盤旋而上，爲來鶴亭。寺南有聽泉石山門外有香雲泉。梅花開時，市人咸來探賞。

雙峯插雲 在九里松，當南北兩高峯之間，稱「兩峯插雲」，爲十景之一。清康熙時，於此建亭勒石，改爲「雙峯插雲」。

桃源嶺 在九里松東，北高峯東盡處，宛如駝肩。神州古史考、遊覽志、西湖志俱作「巘駝」；乾道志作「駝苑」；釋大善西溪百詠作「桃源」，記載各異，今稱桃源嶺。

神霄雷院 在慶化山。宋咸淳間羽土陳崇眞自閩來浙，卜居茲山，善五雷法。後入朝祈禱，以劍水入布撰，有紅露之異，因敕建雷院以居之，錫以紫芝，賜號冲素眞人。

合澗橋 在飛來峯路口，下有南北二澗；北澗自靈隱而下，合流於此，故橋曰合澗橋。其地爲靈、竺山門。俗呼爲二寺門。白樂天詩；「一山門作兩山門，兩寺元從一寺分」，正此。

龍泓洞 又稱通天洞，洞口有理公巖，今理公塔在焉。旁有射旭洞，與龍泓通，外視之，洞可容百數人，內視之，巖可樹百椽屋。又有玉樹洞旭光一線，上透極頂，遊客至，僧卽爲之指示以索錢，俗稱一線天。峯西有白猿峯、有呼猿洞，與飛來、蓮花、稽留，月桂、稱爲五峯。

飛來峯 在靈隱天竺兩山之間，近雲林寺，一名靈鷲，距岳墳六里，距茅家埠三里。晉僧慧理嘗登此，歎曰；「此是中天竺國靈鷲山之小嶺，不知何年飛來？」因駐錫於此，建靈隱寺，號峯曰飛來峯。高不逾數十丈，而怪石森立，千態畢呈，不雜土壤，勢若浮懸。瘦藤古木，透寸隙而生者，皆抱石合皮，翠蕤蒙冪，冬夏常青，其下巖扃窈窕，屈曲通明，若刻若鏤。壁間滿鐫佛像，傳爲元僧楊璉眞伽所鐫，清朱彝尊謂；「雕鏤精緻，非六朝人不能爲」。今已漫漠莫辨。峯頂有石梁，長一丈。有翠微亭在峯半。峯東南爲慈宮。

冷泉亭 在飛來峯下，雲林寺前。依澗而立，山樹爲蓋，巖石爲屏，雲從棟生，水與階平，洵勝地也。舊有聯云：「泉自幾時冷起，峯從何處飛來」。又清左宗棠聯云：「在山本清，泉自源頭冷起；入世皆幻，峯從天外飛來」。二聯一問一答，語甚雋妙。其側有雷亭，宋趙安撫與籌建。

永福寺 在雲林寺西，石筍峯下。劉宋元嘉時，爲琳法師講所。石晉天福顏爲「普圓院」。南宋咸淳間，敕改今額。元稱白祕庵。萬歷重題「永福禪林」。順治中，天台裔靜昭興復。旁有清瞿交愼公鴻禨墓。

雲林寺 在靈隱山麓，舊名靈隱寺。晉咸和元年，僧慧理建。元、明時廢時興。清順治間，僧宏禮重建。有覺皇殿、直指堂、羅漢殿、金光明殿、輪藏殿、大樹堂、南鑑堂聯燈閣、華嚴閣、青蓮閣、梵香閣、玉樹林、法壽堂、萬竹樓諸勝。康熙二十八年，賜名雲林寺。其後八年間，聖祖幸凡四次，歷賜金佛、香金及御書經卷等，並題額製詩。雍正八年，李衞倡修大雄寶殿、天王殿等。乾隆十六年御題覺皇殿曰「鷲嶺龍宮」，直指堂曰「摘翠披雲」。咸豐辛酉，大殿燬。民國初，主僧購巨木於美洲，重建殿閣。天王殿已於前年重建一新。殿左有羅漢堂，奉五百羅漢，二十五年冬寺僧不愼，燬於火。

夢謝亭　在靈隱山畔。晉林明禪師爲謝靈運建。遊覽志；靈運會稽人，其父舉之，憂不宜畜，乃於林明師舍寄養，林夢東南有賢人相訪，及曉運靈至，遂以名亭，亦名寄兒亭。

韜光庵　在北高峯南，雲林寺西巢拘塢。經岣嶁山房上至韜光，石磴數百級，峯高百盤，筠篁夾植。沿途水澗下流，其聲錚琮，因名韜光泉，由此而上，可三四里，卽韜光庵。有金蓮池，相傳韜光引水種金蓮處；花黄而小，葉橢圓莖上各一葉，異種也。庵頂有石樓、方丈，正對錢塘江。江盡處卽海，故唐人有「樓觀滄海日，門對浙江潮」句；世稱「韜光觀海」以此。今有呂祖祠，其後爲呂祖煉丹臺。庵左有誦經室。山後有崖，可觀海盡處，崖下一洞，名丹崖石室。

北高峯　在雲林寺後，靈隱山左支之最高者，與南高峯遙相對峙，時露雙尖，望之如鍾，所謂「雙峯插雲」者是。自下至頂，凡九百二十丈，石磴逾千級，曲折三十六灣，羣山屏列，湖水鏡浮，遙望之江，如匹練新濯。峯頂舊有浮屠七級，今圮。有靈顯廟在峯之絕頂，祀五順神；廟後有平台，台上有石松一株，千年以上物，洪楊時燬。峯西有烏石峯，亦名資巖山，高與北高峯埒，下接龍門山石筍峯一名卓筆，在烏石峯半腰。

天竺山　爲晉葛仙翁得道之所。自靈鷲至上竺郎富嶺止，周數十里，巖壑尤美。下竺寺後諸巖洞，嵌空玲瓏，不可名狀。林木皆自嶺谷拔起，不土而生。石間唐、宋人題名，不可殫記。峯巒迴合，爲全湖最幽深處。入下竺過中竺至上竺而止，上中下三天竺寺，皆供奉觀音大士。春時香客麕集，最爲熱鬧，舊歷六月十九日爲觀音誕；先於十八夜進香，仕女傾城而至，已相沿成習矣。

下天竺　在雲林寺南，由飛來峯至此僅里餘。晉僧慧理建，初名繙經院，後屢有興廢。清康熙三十八年，高宗賜額曰「法鏡寺」。咸豐之季，燬於兵燹。光緒八年重建。寺後有金佛洞、三生石、蓮花泉諸巖洞。寺之對面有月桂峯，多桂花，花白實丹。宋之問題「桂子月中落」謂此。有香林洞、日月巖，晉謝靈運翻經台，右爲蓮華峯。

中天竺　在稽留峯北，距下天竺僅里餘，與永清塢相對。隋開皇十七年，僧寶掌從西域來入定，建立道場。清康熙三十八年，聖祖賜帑重修，四十二年賜書「靈竺慈緣」額。乾隆三十年高宗南巡，賜「法淨寺」額。咸豐間燬，同治復興。寺東北爲楓木塢，西爲中印峯，以寶掌乃西域五印度之中印人得名。

上天竺　在北高峯麓，自雲峯下，與乳竇峯相對。昔吳越武懿王夢白衣人求治其居，乃開路築基，即地刱佛廬，號天竺看經院。後移今所。宋孝宗改院爲寺。清乾隆十六年，高宗南巡，題門額曰「法喜寺」，後款額曰「寶院飛觀」。咸豐辛酉燬，同治初，布政使蔣益澧重建大殿。光緒間，蘇濬聶緝槼倡捐重修，費皆巨萬，香火之盛，不下普陀，宏麗爲三天竺冠。而天王殿，不幸於前年燬。寺石爲中印峯，峯半有天香巖，峯連楓樹嶺、善住峯。寺南乳竇峯懸乳如脂，甘和可愛；北爲白雲峯，峯下有白雲泉；峯陽爲琴岡，陰爲烏石巖。右轉爲雙檜峯，爲靈隱塢；塢後爲幽淙嶺、爲郎當嶺。幽淙嶺巉石齒齒，郎當嶺削障臨淙，頗不易上。爲天山門，南北兩山之祖也。自此東通龍井，南達五雲，左迫峭嶂，右臨深溪，緣木攀蘿，方可舉趾，故稱郎當。

南山區

南山區起於南屏，次爲九曜、爲赤山、爲石屋、爲南高峯、爲靈石山、爲棋盤山、爲天馬山、爲獅子峯、爲理安山，其他如丁家山、萬松嶺、五雲山、昔本歸於南山區內，但丁家山在湖濱，故列入沿湖區內。至於五雲山、萬松嶺、橫亙江邊，應歸於江干區。

南屏山　九曜山分支也，一名佛國山，在清波門西南九曜山東。怪石秀聳，高崖屏障然。山四十餘丈，延袤可八里許。山頂爲慧日峯，旁有羅漢洞，壁鏤大士像十六，叢石斑剝，今不可辨，峯下有歡喜巖，兩石離立相對若老翁，其一巨首宛如戴笠。

接引洞　在蓮華峯北麓。洞口敞，洞內怪石盤立，立屈曲有致。洞左巖石間有細徑，緣徑而上，復有小洞，中供小佛一尊。

方家峪　在南屏山南，與梯雲、慈雲二嶺通。

蓮花峯　在玉皇山之東北，爲一平地突起之小峯。登玉皇山頂觀此，四面玲瓏，巖石層疊，宛如蓮花。

慈雲嶺　當玉皇山與鳳凰山之間，通方家峪接近南屏，出江干路也。崖有吳越國王題名四十九字。靈花洞在嶺巔，深百餘步，闊十餘丈；有吳越國王題名二十九字。下爲天龍寺，寺後崖壁鐫般若心經，其左右洞，鐫「繞雲洞」。

八卦山　在城南天龍寺下。中阜規元，作八卦狀，俗稱九宮八卦田。田旁今爲滬杭甬路及浙贛路繞道經此之捷徑。

登雲觀　在玉皇山中間，爲玉皇山頂至八卦田必經之處，香車頗盛。

玉皇山　亦稱育王。山徑盤旋，石壁尖聳，登頂可覽江湖之勝。山頂有玉皇山宮，七星缸。同治後建復。七星缸者，清雍正間，李衞以杭多火患，形家謂此山爲離龍之祖，乃於山腰創置鐵缸七，倣北斗星象排列，水鑄符籙，朔望省視缸水，宿則注滿，蓋取用坎制離之義。七星缸之下有飛龍洞，洞由上而下，深窈莫測。現大加整理，更名曰紫來洞。相傳與安徽歙縣諸山通，但經多人下探，與外間實不相通，通皖之說，不足置信。

梯雲嶺　在玉皇、九曜兩山之間。舊有石磴甚峻絕，今則石磴已圮，徑窄而仄，頗不易登。沿徑風景，頗足瀏覽。嶺巔有洞，低窪異常。

九曜山　在南高峯東南，東為南屏山，西為赤山，舊有九曜星君殿故名，山雖大而少勝蹟。其西南卽太子灣，山東為仙人洞，卽幽居洞。

華津洞　在方家峪西南。巖石青深，石色秀異如翠螺蒼玉。中有十八尊羅漢，洞口有清泉，野花奇麗；雖夏月登臨，亦寒砭肌骨。

石屋嶺　在九曜出西南，自太子灣折而南卽至。上有石屋亭，全湖在望，風景頗佳。

石屋寺　在石屋嶺下，亦名大仁寺。清咸豐間燬，後重建。存彌勒佛一尊，重六百斤，傳為宋鑄。寺內有石屋洞，迤二丈六尺，狀如軒榭，較煙霞為虛朗。舊鐫小羅漢五百十六身，洪楊之役，頭盡燬。洞後一穴，上寬下窄，署曰：「滄海浮螺」；旁有小洞，曰別石院，曰甕雲洞。由通幽處取小徑而上，有小洞僅容一人，曰乾坤洞。相傳宋高宗嘗至此小坐。洞旁曰青龍伏店巖，較大而幽！石屋洞後有蝙蝠洞，中多蝙蝠。宋建炎間，里人避兵於此，云可容數百人。寺前新建華巖經塔一座，甚偉大。

淨梵寺　在瑞峯塢、當煙霞、石屋之間、距石屋寺約半里。三面環山，四圍繞竹，極幽靜，與石屋亭遙對。寺前可望西湖城市之一部分，有小溪，寺前琤琮可愛。

大慈山　在九曜山西南，圓岡雙峙，形若覆釜。

自此而南，山勢翔舞，石筍鱗次；至大慈山前，松杉碁布，山色蒼蔚，中峯隆起旁舒兩翼，具龜蛇旗鼓狀，北爲錢粮司嶺，上有甘露寺，東爲屏風山，南爲白鶴峯。

吳山區

螺螄山在吳山背，取逕必盤旋曲折而上，故名。山當吳山腰半，雖低而不障景，拾級望湖，猶依翠屏而臨明鏡。山南爲鐵冶嶺，有小蓮亭，草玄閣，東北爲郭婆井。

吳山　在西湖之東南，浙人伍子胥以忠諫死，爲立祠山上，故舊名胥山。山多城隍廟，故俗稱城隍山。山與城外萬松林鳳凰山相接，自城內大街南清波門，搭兒頭東皆可登，省城隍廟居中，左右各里許，廟宇接毗，若東嶽，太歲，藥王，關帝，白衣，府城隍，魯班火神等廟，雷祖，財神等殿皆在焉。

十二峯　在火神廟右，峻石十二，玲瓏瘦削，如山峯離立，各以形象名之：曰筆架，香爐，棋盤，象鼻，玉筍，龜息，劍泉，牛眠，舞鶴，鳴鳳，伏虎等是，俗稱巫山十一峯。

城隍廟　有省城隍廟府城隍廟之別。省城隍廟在吳山趙公祠，宋紹興間自鳳凰山徙北。神周姓，明浙江按察使也。廟右有酒仙殿，葛仙殿，月下老人祠，府城隍在祠右。

寶月山　一名天井山，在吳山北。山下有寶月寺因得名，烏龍潭在寺西，天晴時潭水碧綠，雨則變黑。

伍公廟　在吳山之東北，是處山亦稱伍公。西南有海會寺，旁西嵆公祠，祠清浙撫嵆駿。西有中興觀，至德觀。

寶蓮山　在瑞石山東，有金星洞，重陽庵，爲清阮文達公祠。青衣洞，相傳昔人在洞口見青衣童子，問之不應，入洞逐之不見，但聞風雨聲，悚慄而出，故名。洞口有青衣泉，有寶成寺，寺左有瑞石泉，感化岩，岩上爲東坂石刻，上爲觀音閣。

瑞石山　一名紫陽山，在吳山東南。山有紫陽庵，元徐洞陽建。秀石玲瓏，岩竇窈窕，寒泉滑滴，匯爲澄泓，境頗幽隩。自城中城隍牌樓隨山麓遵徑而上，有尋眞路，北折而下爲歸雲洞；左折爲橐駝峯，復折西爲紫陽庵，庵側有紫陽洞，飛來石；迤南爲丁仙閣。

七寶山　在白馬菴西，吳山南，以七寶寺得名。山頂有平石號大觀台。有坎卦壇，汪王廟，西麓爲青龍洞，龍神廟，寶奎寺。東麓爲三茅寧壽觀，又東有通元觀，白鹿泉，開寶仁王寺。

七寶峯　在七寶山南，爲城中觀潮勝處，石壁刻「吳山第一峯」五字。因金主亮有「立馬吳山第一峯」之句。

清平山　在七寶山東南，翠石崚嶒，竹木森森。有開元寺及壽峯，妙峯二庵。

雲居山　在城西，當清平山之陽，與萬松嶺相接。山上有雲居聖水二寺，其頂多楓，故又稱楓嶺。

雲居聖水寺　在雲居山上，又有三佛泉，萬佛閣，松樂泉，超然台，龜衣亭，朝陽洞，呂字岩，三台石，海棠石，聖水巖，龜石，眠牛石諸勝。

江干區

萬松嶺　在鳳山門外鳳凰山北麓。

雙節墳　在萬松嶺西，俗稱雙吊墳，相傳清嘉慶間，大興崔升偕妻陳氏，至杭投親不遇，同縊於此。時人感其節義，遂並葬焉。

鳳凰山　在鳳山門外，萬松嶺南。東爲南屏山惟不相連。跨越甚廣，兩翅軒翥，左薄湖滸，石掠江邊，形若飛鳳，與龍山並稱。晉郭璞所謂「龍飛鳳舞」者是。山東麓爲南宋大臣所在，亦卽五代吳越國錢王故宮，今有福壽宮。山後有鳳山泉。上左方爲報國寺，南宋垂拱殿。有鳳麓，映壁二庵，有金星洞，山頂有雙髻峯，上有石如雲片，拔地數丈，巔有一竅，曰月巖，中秋時月光穿竅而出，餘時則否。極頂則石筍峻出，兩傍排立，名曰排衙石。月巖之左爲中峯，峯後爲放光石，通明洞則在中峯洞下。

勝果寺　在中峯頂，一作崇聖，創於隋，興於唐，南宋闢爲禁苑。後燬重建。其地多桃，故有勝果桃之勝，寺側有郭公泉，下有醉眠石，西有歸雲洞，躍雲石。上有垂雲巖，寺後爲三石佛。

開花寺　爲六和塔院。寺有金魚山，秀江亭，砂塔諸勝。

六和塔　在月輪山頂，或稱六合塔。吳越錢王創建，以鎮江潮。凡九級，後燬。僧智曇因故基成之，七級而止。

月輪山　龍山支阜也。在龍山之西南，有徑可通虎跑。以山形圓如月，故名。

秦望山　在月輪西，相傳秦始皇，東遊，嘗登之以望會稽，故名。

五雲山　爲天門山之支脈，自江干盤紆而上，凡六里七十二灣，石磴千餘級。之江三折，正當其面。南望之江，羣峯可數；東觀龕赭二山，大海可掬，爲杭州諸山之最高者。

眞際寺　在五雲山巔，寺內伽藍乃華光藏神，旁有五雲庵。

范村　由徐村西南行約五里，即古范浦。去范村不遠有叉路至雲棲。

雲棲　在五雲山右，有塢曰雲棲。自五雲山頂沿石級而下，計程五里，路甚陡峻，沿途石徑幽窄，萬竹參天，仰不見日；人行其中，高下曲折，不辨所出，實吳山第一奧區也。

西溪區

松木場　在錢塘門外，爲第一市集，長里許，東面臨河，春遊士女進香靈竺者皆泊船於此。有商肆應客，頗熱鬧。自松木場至湖墅，舊時統係北關，故有「北關夜市」之景目。

秦亭山　俗稱老和山，又訛稱蜻蜓山，上有聖帝廟。

古蕩　在秦亭山西，溪流淺狹，僅容小舟，魚蝦至繁，旁有靜性寺，道然居，慧光庵，皆清幽之境。

東嶽廟　在廟塢，宋乾道間建，祠宇宏麗。杭州東嶽廟凡五處，香火以此爲最盛。秋時有所謂「朝審」之故事，各處進香，人山人海。

法華山　在北山靈隱山後，相傳有晉僧法華靈蹟故名。廟塢卽法華山拗。其東一里爲應婆山，又東爲廟山，童山，蔣家山，馬山，參差高下，皆在應婆山半。又東爲筆架山，象鼻山，淺山，東接桃源西連留下，中爲法華塢。

古法華寺　在西溪之東，法華山下。

花塢　法華山之塢也，可由法華亭南轉而入，地極幽邃，古菴甚多。

石人塢　由廟塢西二里，爲古法華亭，俗稱開化涼亭。再西二里達石人塢口，俗呼楊家牌樓，卽石人嶺之塢也。因嶺半有竹如人立，故名，相傳吳大帝石杵在此。過嶺可至靈隱。

西溪探梅　在法華山陰，縱十餘里，都是梅林，春初花開，暗香襲入；石人嶺下有老梅數株，高密且大，尤爲美觀。

留下　西溪之鎮市，去城十八里。

篤慶山莊　在留下鎮東，亭臺花木，點綴得宜。

龍門山　俗稱小和山，在杭城西南四十里，山頂有眞武廟，亦稱龍門寺。有石關，魚石，千人巖，四顧坪，老龍潭，龜王殿，鸚鵡石，磐谷諸勝。

西溪　在古蕩以西，一水如帶，曲折幽邃，兩岸平林小岫，倒映波中，如入圖畫。經留下後，勢始開展，有永興南漳二湖，蒹葭滿目，四圍皆水，爲遊人目的所在。倘非駕舟，不足以盡溪山之勝。

河渚 本名南漳河，亦曰渦水，在西溪東北，沙嶼瀠迴荻蘆掩映，又曰蒹葭深處。再進爲深潭口。

秋雪庵 在西溪東蒹葭深處，原名資壽院，又爲大聖庵。

交蘆菴 在秋雪庵西，本名正等菴。左爲曲水菴。

社團機關現狀

市政府各附屬機關

單位	職稱	姓名	備註
自來水廠	廠長	李崇岳	
土地登記處	主任	徐鍾渭	地政科長兼
屠宰場	主任	詹寅伯	
市立傳染病院	院長	翁文淵	衛生局長兼
錢江輪渡管理所	所長	周顯行	
貧民習藝所	主任	張道政	
第一區公所	區長	厲謙	
	副區長	楊百和	
第二區公所	區長	楊家俊	
	副區長	龐菊甫	
第三區公所	區長	錢鏡西	
	副區長	朱元奎	
第四區公所	區長	潘寶泉	
	副區長	黃誦坤	
第五區公所	區長	嚴有容	
	副區長	趙迺賡	
第六區公所	區長	邵景良	
	副區長	於沛然	
第七區公所	區長	汪思敬	
	副區長	楊華	
第八區公所	區長	邱詳毓	
	副區長	馮延榮	

社會救濟設施福利機構

名稱	地址
浙江省區救濟院	佑聖觀路
浙江省第一育幼院	竹齋街三衙前
仁慈堂孤兒院	天漢洲橋十九號
杭州市私立武林育嬰堂	湖墅倉基
中華基督教會城北堂新民社診所	湖墅大夫坊
杭州市私立三樂兒童教養院	東街路東園巷 316 號
仁愛醫院社會福利部份	太平門刀茅巷
仁愛醫院附設託兒所	刀茅巷
杭州市第三區樂善施材會	東清巷大經堂
西湖區南山聚集施材會	淨慈寺南庫房
彭埠施材會	艮山門外彭埠
大東施診所	大東門外直街七十七號
薦三施診所	清泰路琵琶街
仁慈施診所	寶極觀巷寶極觀隔壁
中華理教普緣社浙江第二分會	豐禾巷二十二號
仁愛望孤兒院	清波門直街三十三號
杭城勸善局	東街路駱駝橋下
中教道義會杭州分會	竹竿巷六十一號
世界紅十字會杭州分會	新民路廣濟醫院內
兒童福幼園	1 紫金觀巷二十六號
	2 東街路蕙蘭中學內
	3 湖墅大夫坊一二五號
	4 仁愛醫院
	5 仁慈堂內
	6 新民路中華基督教會思澄堂內
	7 城隍山小螺絲山四號聖心會內
	8 西大街內地會
	9 天漢洲橋 56 號耶穌堂內
	10 東街路太平橋耶穌堂內
	11 法院路耶穌堂內
	12 車駕橋五福弄
杭州市各界救火聯合會	河坊街 14 號
杭州四明公所	掃帚灣
杭州金華樂善堂	掃帚灣

治安機關

名稱	負責人	地址
警保處	竺鳴濤	上倉橋
憲兵團		板橋路
杭州市警察局	沈溥	太平坊巷
市警第一分局	陳省方	新宮橋河下
市警第二分局	任壽鐸	蒙古橋
市警第三分局	柴顯榮	忠清巷
市警第四分局	蔣恆德	岳坟街
市警第五分局	張梨莊	南星橋
市警第六分局	阮捷成	艮山門外灣兒頭
市警第七分局	謝子靜	覓橋
市警第八分局	周誠	拱宸橋
警察大隊	王植三	西浣紗路
刑事警察隊	林奇偉	行宮前
刑警第一分局	趙俊才	拱宸橋新福海里
刑警第二分局	鍾炳甫	貫橋法輪寺
刑警第三分局	馮揚彰	通江橋畔
刑警第四分局	吳超	慈幼路一號
刑警拘留所	壽洪祥	柴木巷

交通機關

名稱	負責人	地址
浙贛鐵路局	候家源	靜江路
浙江公路局	錢豫格	中正街
公路總局第一運輸杭州分處	蔡慕慈	武林門車站內
公路總局杭州監理所	趙志俠	中正街
公路總局杭州工務總處	馬霄鶴	板橋路五福里
杭州電信局	丁鴻儒	惠興路
浙江郵政管理局	何幼村	城站

其他機關

名稱	負責人	地址
監察使署	朱宗良	靜江路
救濟總署	孫曉樓	湖濱路
兩浙鹽務管理局	趙顯武	馬坡巷
浙江區直接稅局	杜巖雙	菩提寺路
直接稅局杭州分局	劉景蘇	聖塘路
浙江區貨物稅局	劉克藩	膺白路
貨物稅局杭州分局	陳祖輝	開元街
考試院浙江福建考銓處	王訥言	民生路
聯勤總司令部浙江供應局	陳崇範	城站鐵道醫院舊址
浙江區禁烟特派員辦事處		環城西路
首都防空司令部第二防空支部		銀洞橋
浙江第一監獄	孫詩圃	小車橋
高等法院	孫鴻霖	法院路
地方法院	章鴻烈	法院路
師管區師令部	夏季屏	壩子橋
杭縣縣政府	陳文	湖墅新河壩
資源委員會錢塘汪勘測處	徐洽時	英士街
杭縣警察局	韓燦澄	湖墅
杭縣田粮處	劉峻	上西大街
杭縣地籍整理處	陳文	教仁街
團管區司令部	魏超然	定香寺巷
浙江審計處	陳柏森	東坡路
浙江廣播電台	陳澤鳳	英士街

黨、團

名稱	負責人	地址
中國國民黨浙江省黨部	張强	民權路
中國國民黨杭州市黨部	錢鏡西	橫長壽路
中國國民黨杭縣縣黨部	張振聲	九曲巷
三民主義青年團浙江支團部	胡維藩	柴木巷
三民主義青年團杭州區團部	王傳本	三元坊巷
中國國民黨浙贛路特別黨部	候家源	裏西湖
中國國民黨浙江交通特別黨部	錢豫格	武林門

自由職業團體

名稱	負責人	地址
省新聞記者公會	胡健中	竹竿巷
市新聞記者公會	張明烈	竹竿巷
杭縣律師公會	汪紹功	西浣紗路
市醫師公會	毛咸	中正街
市中醫師公會	毛鳳翔	崔家橋十六號
市藥師公會	周師洛	中山北路五五號
市牙醫師公會	田寶生	英士街
省會計師公會	韓祖德	佑聖觀路

學校調查

大學

校名	地址	校長
浙江大學	大學路	竺可楨
之江大學	閘口	李培恩
國立藝術專科學校	外西湖	潘天壽
空軍軍官學校	筧橋	胡偉克
英大會計專修科	鳳林寺	陳寶麟
復性書院	靜江路	馬堪翁

省市中等學校

校名	地址	校長
杭州高級中學	貢院前	黃初葵
杭州初級中學	竹齋街	齊國佐
省立醫藥專科學校	教仁街	陳宗棠
省立杭州師範學校	膺白路	孔祥嘉
杭州蠶絲職業學校	黃龍洞	繆祖同
杭州高級工業學校	嚴衙弄	陳慶堂
杭州高級醫事學校	玉泉寺	蔣善鈞
省立高級商業學校	貢院前	鍾大雄
市立中學	（一部）金沙港 （二部）岳坟	鍾伯庸
私立君毅中學	城頭巷	黃造雄
私立止戈初級中學	吳山	李景明
私立中山初級中學	馬市街	史美鈞
私立蕙蘭中學	東街路	徐鉞

校名	地址	校長
私立安定中學	葵巷	沈養厚
私立樹範中學	新民路	趙佩瓚
私立清華中學	橫河橋	屈家楠
私立正則初級中學	大塔兒巷	何偉學
私立惠興女子初級中學	惠興路	褚壽康
私立宗文中學	皮市巷	劉文翩
私立弘道女子中學	學士路	陳希蘇
私立馮氏女子初級中學	紫金觀巷	趙天聲
私立民生初級中學	清泰路長慶寺	朱蕙薌
私立女子商業職業學校	觀巷	張芳德
私立新羣高級中學	汪莊	朱一青
私立大陸高級測量職業學校	虎跑寺	傅延昶
私立明遠中學	松木場彌陀寺	汪志青

市立小學

校別	校址	校長
市立天長小學	孝女路四號	彭惠秀
高銀巷中心國民學校	高銀巷三八號	顏逸文
佑聖觀路中心國民學校	佑聖觀路一四號	金誠
飲馬井巷中心國民學校	飲馬井巷機神廟直衖五二號	徐勳
太廟巷中心國民學校	太廟巷一四號	周寶銓
清泰街中心國民學校	清泰街九六號	周旦
珠寶巷中心國民學校	下珠寶巷三三號	茅乃斌
浣紗路中心國民學校	北浣紗路二六號	葉佩菁
仙林橋中心國民學校	仙林橋仙林寺一一號	徐儀
寶極觀巷中心國民學校	寶極觀巷三七號	樓秀貞
新橋中心國民學校	東街路九四三號	孫樵
裏西湖中心國民學校	裏西湖秋社	朱肄屏
南星橋中心國民學校	鳳山門外掃帚灣	孫志岷
彭埠中心國民學校	艮山門外彭埠	汪達眞
筧橋中心國民學校	筧橋鎮	陳龍文
德勝橋中心國民學校	湖墅德勝橋	金懷清
大同路中心國民學校	拱埠大同路	余永年

國民學校

校別	校址	校長
西牌樓國民學校	西牌樓三七號	陳雋
金釵袋巷國民學校	撫寧巷三號	蔡謨
四牌樓國民學校	四牌樓六六號	褚忠祿
下羊市國民學校	郭東園巷六號	張家駒
十五奎巷國民學校	十五奎巷徽州會館	湯灝
府前街國民學校	竹齋街四七一號	王鐸
衆安橋國民學校	衆安橋一九號	王通一
皮市巷國民學校	皮市巷七五號	朱佳玉
華藏寺國民學校	東街路華藏巷十四號	張希焜
助聖廟國民學校	助聖廟巷助聖廟	田谷懷
百井坊國民學校	百井坊平民住宅	章高義
中正橋國民學校	中正橋普濟堂	徐裕謀
池塘巷國民學校	池塘巷十八號	陳降霞
艮山門國民學校	艮山門定香寺弄口	袁振華
白樂橋國民學校	靈隱白樂橋	趙雲凝
茅家埠國民學校	西湖茅家埠	趙允升
三台山國民學校	西湖三台山三台別墅	馮宜生
松木場國民學校	松木場金祝廟	張金明
龍井國民學校	龍井土地廟	陳鵬
混堂橋國民學校	武林門外北天竺庵內	承盤
翁家山國民學校	西湖翁家山	沈祖潮
滿覺隴國民學校	西湖石屋洞	鄭雨萃
古蕩灣國民學校	松木場古蕩灣思娘殿	趙行德
梅家塢國民學校	雲棲梅家塢	黃順章
望江門國民學校	望江門外直街	許守義
清泰門國民學校	清泰門外甘王廟	金鎮培
化仙橋國民學校	化仙橋裏街	李淑貞
定海村國民學校	清泰門外定海殿	徐德乾
七堡國民學校	清泰門外七堡	楊萬松
太平門國民學校	慶春門	金爵魁
新塘國民學校	慶春門外新塘	余葆玫
五偃廟國民學校	慶春門外五偃廟	范振鵬
下菩薩國民學校	艮山門外下菩薩	張本漢
弄口國民學校	艮山門外弄口	韓興
白石鎮國民學校	艮山門外白石鎮	傅松燦
王家井國民學校	艮山門外王家井	金煥
草庵國民學校	艮山門外草庵	楊鴻章
三堡國民學校	三堡塘下	徐敏
全家橋國民學校	慶春門外全家橋	陳善寶
九堡國民學校	慶春門外象王廟	黃之楨

校別	校址	校長
宣家埠國民學校	筧橋宣家埠	周次平
楊家廟國民學校	筧橋楊家廟	王麟吐
仁和倉國民學校	湖墅仁和庫前二六號	馬新超
大關國民學校	湖墅大關	張法坤
二司殿國民學校	拱埠橋西	朱宜初
瓜山國民學校	拱埠瓜山	孫祖昌
善賢壩國民學校	湖墅善賢壩	浦乃鏞

私立小學

校別	校址	校長
私立至德小學	緣福巷二號	王懋炯
私立尚義小學	柳翠井巷布業公會	陳夏芳
私立輔仁小學	奎垣巷一三號	李善
私立育慈小學	十五奎巷七一號	金潤泉
私立聖心小學	大螺螄山二六號	王克謙
私立恆業小學	柳翠井巷四四號	陳漱芳
私立三如小學	清波門直街六六號	俞級千
私立三省小學	扇子巷撫橋弄二號	倪忍
私立惠羣小學	大獅子巷二六號	張淨
私立義成小學	清泰路三九七號	張璇銘
私立復新小學	十五奎巷	徐亮
私立中正小學	直吉祥巷	
私立周公井小學	十三灣巷二五號	薛裕生
私立吳山聾啞學校	城隍山阮公祠元寶心	龔寶榮
私立滬杭鉄路員工子弟小學	城站（前杭州戲院）京滬鉄路局	姚琦
私立穆興初級小學	保佑坊鳳凰寺	宣祖周
私立武氏初級小學	清波橋西蓮社	武問梅
私立勇進初級小學	湧金門直街	金寶書
私立振羣初級小學	六部橋河下一號	徐羣超
私立務本初級小學	河坊街	俞一麐
私立培本初級小學	姚園寺巷	駱階秀
私立日知初級小學	花牌樓	王奮武
私立薦三初級小學	琵琶街龍吟庵	孫於理
私立大光初級小學	十五奎巷	
私立紹文初級小學	舊藩署	俞大千
私立童乘初級小學	竹齋街二十號	吳宗德
私立蕙蘭小學	東街路一〇〇號	徐鉞
私立弘道小學	學士路一號	陳希蘇

校別	校址	校長
私立安定小學	裏橫河橋直街五號	沈養厚
私立正則小學	大塔兒巷	高仲英
私立惠興小學	惠興路二六號	褚壽康
私立裕成小學	枝頭巷二三號	許劍光
私立仁社竹安小學	東平巷三一號	宋秉文
私立同軌小學	烏龍巷三二號	徐文達
私立信一小學	肅儀巷一六號	黃嗣香
私立懷幼小學	祖廟巷二七號	鄭慶祥
私立建新小學	馬所巷二號	梁光浩
私立培元小學	下興忠巷二八號	汪度
私立博文小學	下興忠巷八號石祖師殿	何智敏
私立東南小學	東街路四四七號	丁石一
私立建材小學	淳佑橋宿舟河下四號	蔣宛萍
私立孑民小學	清吟巷	
私立剡光小學	皮市巷嵊縣會館	
私立樹央初級小學	馬市街六〇號	宋魏全
私立觀成小學	忠清巷一〇〇號	虞炳卓
私立觀成二校	東街路東園巷機神廟	徐如先
私立大經小學	東清巷五九號	蔡楣生
私立順成小學	定香寺巷一二號	王啓武
私立淇園小學一部	天漢州橋五一號	王克謙
私立淇園小學二部	天漢州橋五二號	王克謙
私立海星小學	刀茅巷一七七號	胡海秋
私立樹基小學	仙林橋直街二九號	陸明
私立濟民小學	吳牙巷三七號	房庚耀
私立璇璣小學	體育場路七五號	姚熙然
私立迎眞小學	慶春街一七四號	施勛
私立育德小學	東街路北大樹巷一九號	張潔
私立維成小學	龍興路	徐學進
私立中和小學	法院路仁德里一七號	黃珪榮
私立望峯小學	中山北路法輪寺路七號	沈耀珍
私立集成小學		
私立成才小學	六克巷三七號	馮世恭
私立大成小學	中山北路七號法輪寺內	徐洪
私立榮偉小學	萬壽亭街五號三義廟	汪健
私立郁文小學	二聖廟前五〇號	傅志瑞
私立範成初級小學	竹竿巷八八號	張庚
私立養正初級小學	竹竿巷百澤廟	劉慧因
私立輔德初級小學	中山北路三一九號	葛潛
私立麟兒初級小學	孩兒巷關帝廟	章一萍
私立覺民初級小學	東街路潮鳴寺巷	胡傅卿

校別	校址	校長
私立扶幼初級小學	麋相公廟	王大中
私立精忠初級小學	岳坟	
私立曼鋒小學	岳坟跨虹橋	
私立培德小學	侯潮門外直河頭一號	徐靜瑛
私立柴業小學一校	南星橋烏龍廟	洪棟
私立柴業小學二校	洋泮橋裏街	洪棟
私立愛羣小學	江干大資福廟	程月英
私立正誠小學	南星橋	袁連文
私立雲錦小學	艮山門外河坪上會安壩十一號	於沛然
私立聚成初級小學	清泰門外五堡	徐壽增
私立空軍子弟小學	筧橋空軍軍官學校	錢章樹
私立成賢初級小學	北磁王廟	鄭丙賢
私立新民小學	湖墅大夫坊新民社	周維藩
私立大倫小學	湖墅倉基上三十六號	施松林
私立思文小學	湖墅信義巷九四號	陳萃燮
私立如圃小學	湖墅福海里二號一至五號	蔡卜文
私立尚農小學	湖墅清水潭四二號左候祠	吳劍秋
私立筱竺初級小學	拱埠寧波路三三號	王恂
私立墅北初級小學	湖墅磚橋頭三號	王漢雄
私立大同初級小學	湖墅關帝廟	
私立育智小學		

社教機關

名稱	地址	主管姓名
市立上城中心民衆學校	金波橋	孫連桂
市立中心民衆學校	上興忠巷	范文徵
市立下城中心民衆學校	寶極觀	孫乃瑾
市立西湖民衆教育館	靈隱	沈仿麟
市立江干民衆教育館	南星橋	呂璜
市立皋塘民衆教育館	彭埠	陸鼎銓
市立筧橋民衆教育館	筧橋	王清
市立湖墅民衆教育館	湖墅仁和倉前二三號	朱匡時
市立成仁兒童圖書館	民權路	俞思聰
浙江流通圖書館	鼓樓上	陳獨醒
佛學圖書館	東街路華藏寺	項士元

民衆學校

名稱	地址	主管姓名
省立杭州民衆教育館附設民衆學校	湖濱路	張彭年
浙江軍人監獄設民衆學校	武林路	徐先芳
杭州市紡織業產業公會附設民衆學校	拱宸橋	徐存瑾
杭州市棉織業產業公會附設民衆學校	中山北路	費少卿

幼稚園

校別	校址	校長
市立天長小學附設幼稚園	孝女路四號	彭惠秀
私立務本幼稚園	布士巷一號	陳毓梅
私立弘道小學附設幼稚園	東街路一號	陳希蘇
私立蕙蘭小學附設幼稚園	東街路一〇〇號	徐鉞
私立正則小學附設幼稚園	大塔兒巷	高仲英

宗教團體

名稱	地址
中國佛教會	靜江路七八號
杭州市支會	招賢寺
杭州市道教會	湧金門金華廟
中華基督教青年會	青年路
中華基督教女青年會	開元路

學術團體

名稱	負責人	地址
省婦女會	徐若萍	佑聖觀路
市婦女會	章一萍	館驛後六號
省教育會	許蟠雲	英士街
市教育會	顏逸文	城隍山
省會編輯人聯誼會	朱元松	正報館轉
省會外勤記者協會	梁荻雲	東南日館轉
勞働協會浙江分會	張萬鰲	舊藩署
市作者協會	吳一飛	民權路省黨部
中華醫學會杭州分會	徐世綸	青年路十號
國醫館浙江省分館	邢熙平	袁井巷四七號
國醫館杭州市支館	何子淮	東街路
中國生產促進會浙江分會	盛公恕	英士街一三〇號
中醫研究社	何筱香	東太平巷十二號
社會教育研究會	張彭年	杭州民教館轉
五一聯誼社杭州支社	陳惕廬	將軍路省訓團
世界紅卍字會杭州分會	金潤泉	十五奎巷九九號

農會

名稱	負責人	地址
省農會	吳望伋	城頭巷
市農會	厲識民	城頭巷
城區農會	俞庚森	下城
第四區農會	湯宗耕	左莊公祠
第五區農會	楊學倫	候潮門金華會館
第六區農會	王連文	慶春門直街一六二號
第七區農會	鄭丙賢	筧橋東新街三八號
第八區農會	王子芳	湖墅磚石橋
杭縣縣農會		九曲巷

漁會

名稱	負責人	地址
省漁聯會	葉洛夫	中正街三號

杭市各大醫院

名稱	院長	醫師人數	地址
博濟產科醫院	金廷愘	四人	開元路六十號
西湖醫院	楊文鎬	三人	斷橋
新民產科醫院	樂恩浩	四人	新民路 63 號
宏恩醫院	宓智英	四人	柳翠井巷 41 號
杭州大公醫院	江秉甫	三人	龍興路 15 號
仁愛醫院	吳宗義	四人	刀茅巷 174 號
東南醫院	葉潤石	二人	聖塘路 4 號
西湖肺病療養院	瞿剛	三人	裏西湖葛嶺 4 號
濟生產科醫院	孫穉雲	三人	英士街 47 號
廣濟醫院	蘇達立	四人	新民路
博愛醫院	陳學良		太平坊金波橋一號
西湖葛嶺療養院	稽炳奎	二人	葛嶺山脚
大華醫院	葉樹棠	四人	青年路
杭州醫院	洪式閭	三人	佑聖觀路 86 號
杭州市民醫院	翁文淵	八人	學士路
石氏眼科醫院	裘中聲	二人	性存路尚德里二號
同濟牙科醫院	郎毅安		開元路六四號
立德醫院	趙立屏	三人	青年路
省立杭州醫院	鄭介安		
浙江病院	孫序裳		
市立傳染病院	魯介易	四人	武林門外

各地旅杭同鄉會

名稱	地址
嵊縣旅杭同鄉會	皮市巷一二五號
寧波旅杭同鄉會	長生路
紹屬七縣旅杭同鄉會	清泰路凌木梳巷
桐廬旅杭同鄉會	東坡路湖濱弄七號葉綸機律師事務所
浦江旅杭同鄉會	太廟巷廿二號
義烏旅杭同鄉會	開元路九〇號
湖屬六縣旅杭同鄉會	阿彌陀佛弄
新昌旅杭同鄉會	勞動路八十號
蕭山旅杭同鄉會	孩兒弄一三七號轉
新登旅杭同鄉會	紅門局
臨海旅杭同鄉會	三衙前
東陽旅杭同鄉會	竹竿巷
上虞旅杭同鄉會	西太平巷
淳安旅杭同鄉會	竹齋街十三灣巷
紹興旅杭同鄉會	開元街
縉雲旅杭同鄉會	里橋五聖宮十號
宣平旅杭同鄉會	湖濱西一弄九號
寧海旅杭同鄉會	孩兒巷一八六號
天台旅杭同鄉會	慶春街珠璧衖三五號
象山旅杭同鄉會	文龍巷
富陽旅杭同鄉會	民生路二四號
金華旅杭同鄉會	竹齋街二四三號
處屬各縣旅杭同鄉會	西浣紗路三慶里二號
金衢嚴處旅杭同鄉會	十三灣巷二十五號
嚴屬旅杭同鄉會	惠興路東南醫院
兩廣旅杭同鄉會	十五奎巷六七號
幽冀旅杭同鄉會	開元路五八號
雲貴旅杭同鄉會	車駕橋五二號
湖北旅杭同鄉會	金剛寺巷四號
安徽旅杭同鄉會	慶春街五二號
山東旅杭同鄉會	清波門陸官巷廿二號
新安旅杭同鄉會	十五奎巷
溧陽旅杭同鄉會	花牌樓一二一號
江蘇常郡旅杭同鄉會	城隍山十六號

杭州市報社

名稱	發行人	地址
東南日報	胡健中	衆安橋
正報	吳望伋	清泰路
工商報	朱祖舜	積善坊巷
大同日報	余烈	三元坊
民報	婁子匡	開元路
西湖夜報	陸靖	石貫子巷
天行報	華封	延齡路
民聲報	吳崇華	仁和路
當代晚報	鄭邦琨	謝麻子巷六號

杭州市雜誌

名稱	發行人	地址
勝流半月刊	錢英	岳王路行政學會二七號
前鋒半月刊	沈壽泉	銀洞橋四二號
藝技月刊	王殿揚	迎紫路一八號
羣言月刊	鄭餘德	柴木巷浙支團部
當代雜誌	鄭邦琨	官巷口三八號
商報月刊	許廑父	東平街六號
中國郵報（週刊）	王正誼	竹竿巷一一號
勝利雜誌	吳一飛	民權路四二號
天行雜誌	華封	延齡路
中國兒童時報	盛澄世	慈幼路十號
浙江經濟月刊	方祖桐	地方銀行
健康醫報	董志仁	木場巷二七號
半月新聞	王漱浪	枝頭巷十七號
中國醫藥研究月報	湯士彥	仁和路仁和里六號
現實週刊	張煦平	長壽路一一號
西湖月刊	翁鯤	裏西湖二五號
小友畫報	戴頌青	東坡路
浙贛路訊	張自立	裏西湖五號
圖書展望	陳博文	西湖孤山

杭州市通訊社

名稱	發行人	地址
中央通訊社	張明烈	枝頭巷一七號
國民通訊社	王惠民	省黨部
青年通訊社	王傳本	柴木巷樂安坊青年團
社會通訊社	王一飛	聖塘路
市聲通訊社	林興亞	國貨街四八號
自由通訊社	季元	開元路民報
當代通訊社	陳元善	官巷口三八號
新時代通訊社	章達庵	積善坊巷六號
曙光通訊社	王孝先	長生路三號
女聲通訊社	徐若萍	慈幼路十號
現代通訊社	華賜	里仁坊八二號
西湖通訊社	常祥麟	竹竿巷十八號
教學通訊社	羅越崖	長壽路一一號
環球通訊社	王廷弼	清泰路大東山弄八號
新流通訊社	王仲高	開元路五四號
越聲通訊社	黃雪痕	民權路省參議會
力餘通訊社	許聞淵	青年路六一號
杭州通訊社	沈雨蒼	中山南路五一一號
動力通訊社	張若源	四宜亭雲居山九號
力行通訊社	胡國華	七龍潭七號
經濟通訊社	孫紹軒	東坡路十一號二樓
中興通訊社	王守偉	泗水新邨三號
民言通訊社	徐海粟	西浣紗路九號
中華通訊社	俞斌芳	青年路尚農里弄十四號
大道通訊社	沈頓初	西大街臨安里二號
大春秋通訊社	丁杰	西浣紗路三慶里三號
公正通訊社	葉綸機	東坡路湖濱七弄三號
津津通訊社	俞雪塵	學士路二十八號
革新通訊社	梁亦新	清泰路三七八號
國光通訊社	曹天龍	清泰路三二六號
正中通訊社	唐錫疇	清泰路三七八號
民本通訊社	吳根鍋	法院路仁德里十五號
東南通訊社	李可鎮	上西大街十八號
自由通訊社	朱才鳴	開元路民報
農工通訊社	李法華	民權路二號
中華通訊社	王善揚	學士路二十號
新生通訊社	周潔人	南板巷二號

市參議會

民主政治的基礎，基於民權的運用，基於政府與人民權力的平衡與調和，務必使民選而受人民監督的政府，眞正爲人民謀福利，達到「民治、民有、民享。」三民主義政治理論將人民與政府的權力，劃分得尤其清楚。總理將國家的政治大權，分爲兩個；（一）政權，人民用以直接管理國事的權力。（二）治權，政府憑以治理全國事務的權力。這便是三民主義權與能的劃分。它使人民有充分的權力，足以督促和防禦政府權力的過分膨脹，不侵及人民自由，爲人民利益而活動；也賦與政府以治理日常國家事務的充分權力，在其權限範圍內，自由活動，不受人民濫用民權所干涉約束。這是三民主義權能劃分的民主制度。

參議會的成立也就是這種政治制度的實施。參議員是人民的代表，他們從社會各階層，各區域，各團體中由市民投票選舉而產生出來，代表市民參與督促市政，代盡言責。在這種意義上，杭州市參議會的成立，實在是全國政治邁向民主憲政的一步，它是人民爭取民主自由的記程碑。

市參議會的法律根據

依據三十二年五月十九日國民政府修正公布的「市組織法」，市設市參議會，由市公民及依法成立之職業團體選舉市參議員組織之，但由職業團體選出之參議員，不得超過總額十分之三（第廿二條）。又三十四年一月三十日公布市參議會組織條例，其第一及

第二條，說明參議會之性能及其職權。

參議員名單

民選參議員產生後，即推張衡爲議長，許燾爲副議長，暨參議員四十一人，名單錄后：

參議員：羅雲、余擇生、丁紫芳、章洪濤、高維魏、朱士剛（以上一區產生）、錢英、劉譜人、徐梓林、湯兆頤、吳剛乾、鍾毓龍（以上二區產生）、程心錦、錢宗翰、朱啓晨、華暘、褚壽康、朱一青（以上三區產生）、湯宗耕、張明誠（以上四區產生）、凌水心、蘇德鈞（以上五區產生）、劉清士、朱承德、蔡競平（以上六區產生）、鄭丙賢（七區產生）、吳少淳、蔡世雄（以上八區產生）、樓德武、曹振、陸明（以上農會產生）、汪廷鏡、趙水根、沈劍卿、趙廷秀（以上工會產生）、龐菊甫、徐文達、張旭人（以上商會產生）、葉佩青（教育會產生）、周師洛、鮑祥齡（以上自由職業團體產生）。

同業公會一覽表

工會名稱	理事長姓名	地址
報業	婁子匡	
絲業	胡賢熹	艮山門定香寺
糧食業	張堃元	木場巷二號
南北貨業	鄭楚廷	缸兒巷口
桂圓業	陳慶齡	鹽橋天成桂圓號
鐘錶眼鏡商業	錢子賢	新水漾橋惠林登
紹酒業	丁寶富	延齡路多益處
絲織工業	孟炳貴	東清巷五九號
麵粉業	謝子祥	開元路二五號
蓆帽業	壽天錫	茅郎巷四號
筆墨業	邵仁山	三元坊邵芝巖
茶食糖菓業	葛蕙蓀	三元坊巷八號
電器材料業	朱沛臣	保佑坊四九號
煉染業	謝捷峯	東街路四〇一號
剪刀業	張祖盈	舊藩署九號
理髮業	金義欽	教仁街愛美也店
茶漆業	吳琴軒	枝頭巷二六號
柴炭行業	凌水心	候潮門外凌福興行
油業	顧雲卿	袁井巷一七號
新藥業	周師洛	積善坊巷六號
土燭業	羅瑞華	義井巷四號
饅餅油條商業	單定章	西公廟
飯店業	王松齡	后市街七五號
木排業	姚連生	抽粉弄一號
製香業	翁榮勳	祖廟巷四一號
浴業	張道吉	延齡路華清池
運輸業	龐菊甫	金剛寺巷十一號
成衣業	邊祥陸	東街路八七五號
皂燭業	林成偉	羊市街水仙弄二二號
西湖遊船業	徐裕貴	湧金門五五號
木器業	陳其華	西浣紗路知足里
娛樂業	陳愼孚	仁和路大世界
鞋革業	楊克昌	吳山路二十三號
木行業	陳瑞芝	江干海月橋裏街
金銀業	黃文燦	清泰路義源金舖
年糕業	樊錦林	王衙弄十三號
柴炭店業	金善玄	炭橋河下二八號
保險業	劉耀坤	太平坊六一號
捲菸業	江森裕	板兒巷二二五號

工會名稱	理事長姓名	地址
五金業	鮑瑞馥	開元路六號
雜貨業	陳長寶	郭通圓巷八六號
裱畫業	張明誠	多福弄三號
機器工業	馮子强	東街路金郎中巷四七號
白鉄業	周順樑	延齡路東六弄二七號
棉織工業	胡海秋	里仁坊四二號
度量衡業	康松林	和合橋延定巷六四號
油漆業	汪寶定	太廟巷王寶記
書籍文具業	程巖金	迎紫路正中書局
刻字業	錢茂堂	清泰路友文齋
蔴袋業	李機通	道院巷二四號
民船業	盛煥章	姑市橋南河下三四號
紗花業	葉宗明	木場巷二號
雕刻業	虞寶慶	堂子巷四號
竹籠業	樊金富	靴兒河下三八號
佣工介紹所業	王鳳仙	中正街芳潤橋河下六號
紙盒業	戎壽椿	柳翠井巷二十六號
參燕業	陳星槎	清河坊裕昌參號
百貨業	郭銘之	撫轎弄
土紙業	曾啓宗	民權路五號
國藥業	俞綉章	袁井巷七四號
照相業	徐仲甫	西浣紗路知足里七號
山貨業	陳泉有	枝頭巷二六號
衣業	張公堯	柳翠井巷五七號
小貨車業	裘文元	豐永巷三四號
布業	陳盈科	柳翠井巷
旅館業	徐錫榮	開元路五九號
顔料業	池葆生	柳翠井巷
猪臟什貨業	李唯心	清泰路民生路口
電機絲織業	姚順甫	銀洞橋綢業會館
肉業	方榮華	枝頭巷二五號
棉花蛋業	沈志瑩	姚園寺巷五四號
人力車業	鄭志堃	直骨牌弄四號
磁窰業	徐德本	焦棋久大磁窰店
肥料業	姜國鈞	宿舟河下九一號
自由車業	蔡興德	豐禾巷三七號
洗染業	金承炳	西浣紗路知足里七號
炒貨業	曹敬鏞	頭髮巷
舊貨業	宣德簡	堂子巷口
過塘業	楊學倫	筲帚灣金華樂善堂
汽車業	郁錦正	迎紫路一二五號

工會名稱	理事長姓名	地址
錢業	何劍夏	柳翠井巷
銀行業	嚴燮	中國銀行
麵點業	丁寶炎	琵琶街救火會
服裝業	鄭錦書	開元路洽來里九號
生綢煉染業	何越振	七龍潭六號
木板業	瞿慶祥	森盛里四號
綢業	程心錦	銀洞橋
擦鞋業	王伯田	仁和路一三二號
紙業	傅竟成	祖廟巷二九號
錫箔業	許寶龍	青遠橋三一號
水果業	沈炳生	菜古橋七星水果行
經緯絲料業	葛竹梅	機神廟
銅錫業	胡正卿	水師前十五號
破布廢鉄業	俞貴生	新民路六七號
壽器業	孫少泉	后市街王衙弄十三號
荳腐業	戴金桂	皇誥兒巷二號
染織布廠業	陳寅生	廣興巷一七號
魚鮮業	劉玉昆	湖墅大兜里輔成小學
菜館業	劉永照	開元路
燒酒業	章雲樵	枝頭巷二五號
茶館業	傅聚文	豐禾巷三四號
營造業	傅金信	西大街孝丰里
豬行業	宋純青	皮市巷一五五號
印刷工業	鄭邦琨	東南日報館
煤油業	李正陽	小塔兒巷十七號
傘業	王鳳樵	大井巷六一號
製剪業	沈永林	中山中路四四三號
土染坊業	許行調	琵琶街二四號
糖業	孫錫鑒	橫長壽路二七號
磚瓦石灰業	孫光順	祖廟巷四九號
棕棚業	韓順記	下華光巷六十六號
荳芽菜作坊業	李正雲	寶極巷四二號
三輪車業	裘文元	上扇子巷四十七號

總工會會員一覽表

會員名稱	負責人	會員人數	會址
脚夫業職業工會	陳夏牛 金曹有 卜汝春	六八一	江千掃箒灣二一六號
人力車業職業工會	宣志成 毛順祥 王國良	四七八八	舊藩署九號
飯店業職業工會	徐榮	二四五	后市街七十五號
旅店業職業工會	陳寶生	七三五	龍翔里一弄二號
服裝業職業工會	周偉民	三〇〇	舊藩署九號
革履業職業工會	李錦文	二五〇	龍翔里一弄二號
生綢煉業職業工會	宋煥章	二三〇	觀巷六一號
絲光紗染業職業工會	任炳榮	二二五	觀巷六一號
成衣業職業工會	胡寶明	一三〇	中山中路國貨商場樓上
挑磚瓦運業職業工會	董世傳	一八三	淳佑橋西衖十號
絲織業產業工會	金柏林	三八八九	東街路五四三號
電氣業產業工會	林景贊	二〇九	舊藩署九號
派報業職業工會	唐開元	六五	羊壩頭平津橋五號
鋸木業職業工會	金錫文	一九一	井字樓四十一號
輪船拖桴業職業工會	劉德祥	一五〇	南星橋烏龍廟後新泰弄七號
郵務工會	汪廷鏡 馬文元 洪可旡	四七六	官巷口郵局一二五九號
鞋業職業工會	魏光弟	一四二	行宮前刑警隊對面
木匠業職業工會	邢盛	一八〇〇	舊藩署九號
油漆業職業工會	周宰連	二四〇	龍翔里一弄二號
洗染業職業工會	施梅生	六〇	扇子巷一〇一號
印刷業產業工會		五六二	缸兒巷十四號轉
麵店業職業工會	朱家寶	四〇二	龍翔里一弄二號
菜館業職業工會	熊永棠	一一〇〇	吳山路一一四號
泥水業職業工會	何學舫	一九五	井字樓十一號
肥料業職業工會	羅金品 丁金海 劉公喜	二〇〇	淳佑橋十號
理髮業職業工會	胡連發	四一〇	仁和路二三號
土燭業職業工會	孫炳坤	一四五	萬安橋東街二七號
電影放映技師業職業工會	孫紹軒	三〇	東坡路十一號經緯通訊社轉
金銀業職業工會	屠克平	一七五	紫金觀巷十一號

會員名稱	負責人	會員人數	會址
鐵工業職業工會	邵烈 陳宰卿 周建新	二四五	觀橋巷六一號
紙業職業工會	吳樵明	二八〇	祖廟巷二九號
水電業職業工會	陳長根	二六八	機神廟直街一七號
照相業職業工會	孫紹軒	六〇	東坡路十一號經緯通訊社轉
浴業職業工會	王培榮	一二一五	橫紫城巷二五號
修車業職業工會	屠善才 丁建林 朱根源	二四七	枝頭巷二五號
蔴袋業職業工會	楊傳興 何玉堂 趙瑞芳	一六〇	舊藩署九號
粮食業職業工會	馬志炎 包聯山 華文熊	五〇〇	同上
醃臘業職業工會	李熙元	二八三	清泰路三一五號
織布業產業工會	陶仕榮		觀橋直街七四號
紡織業產業工會	曹元勳	一四〇〇	拱埠大馬路杭州市紗廠倉庫內
茶食糖果業職業工會	程咬齊	二五八	環翠樓二五號
運輸過塘業職業工會	沈仙麟		
南北貨業職業工會	鄭德榮 蔡桂林 俞杏生		缸兒巷14號江干掃箒灣
製傘業職業工會	陳元金	一四〇	舊藩署九號
趕運猪業職業工會	趙正海 周阿方	五一	體育場三三三號
繅絲業產業工會	俞桂生 金順富 葛繼生	一四四八	五福樓45號
屠宰業職業工會	方天福	九六	體育場路三七九號
煉染業職業工會	傅陽春 韓仁德 酈周榮	三二五	東街路三九九號
醬酒業職業工會	邵炳林	一二五	觀巷610號
箯作業職業工會	陳存心	一一五	同右
木料搬運業職業工會	徐文達	一〇〇〇	海月橋
小貨車職業工會	華雲龍	九七一	福元巷69號
粉麵業職業工業	嚴庭軒	一一二	龍翔里一弄二號
民船船員工會	周劉祺	六五〇	拱埠大同街七十七號
運河木排業職業工會	宋德富	六五〇	柴木場巷十號

會員名稱	負責人	會員人數	會址
箔業產業工會	朱春松	一一七〇	清遠橋街三四號
三輪車業職業工會	沈和興		横長壽路十二號
火柴業產業工會	薛馬根		海月橋惟善亭二七號
國藥業職業工會	烏蘭璋	五〇〇	吳山環翠樓二十五號

各區保長名單

第一區　各保長

保別	姓名	保辦公處地址
一	俞子京	袁井巷七十四號
二	車明耀	金波橋救火會
三	吳行之	横吉祥巷十四號
四	范元烺	館驛後一號
五	沈逸齋	館驛後一號
六	王成甫	后市街一三九號
七	王松桂	鬧市口直街興福廟
八	汪科駿	鬧市口直街興福廟
九	李志楚	鬧市口直街興福廟
十	樂金麟	琵琶街救火會
十一	單定章	竹齋街二七四號
十二	汪濬	大螺螄山二十號
十三	黃榮棠	清波門直街七十四號
十四	黃文瑞	清河坊三十號
十五	章盈康	勞働路新開弄二號
十六	徐錫壽	白馬廟
十七	陳志林	十五奎巷七號
十八	繆培良	白馬廟
十九	翁吉生	望江門直街二二號
二十	周寶華	中山南路大同醬園
廿一	許源龍	横骨牌弄十八號
廿二	郭佩卿	上板兒巷元壇廟
廿三	陳寶泉	下板兒巷十七號
廿四	周世勳	郭通圓巷三十四號
廿五	楊漢光	荷花池頭二十號
廿六	史廷輝	十五奎巷七號
廿七	徐茂林	郭通圓巷三十四號

第二區　各保長

保別	姓名	保辦公處地址
一	王大龍	淳佑橋西弄十號
二	劉慕炎	淳佑橋西弄十號
三	戎守謙	淳佑橋西弄十號
四	錢百義	淳佑橋西弄十號
五	汪智雄	大河下九六號
六	黃冠堯	慶春街八三號
七	華長堯	東街路二八九號
八	劉連元	小營巷三八號
九	葉鑫寶	小營巷八三號
十	張光弟	肅儀巷二四號
十一	周連鏘	永寧院九號
十二	嚴庠柏	南板巷十號
十三	陳吉昌	南板巷二二至二四號
十四	邱兆麟	南板巷二四號
十五	謝榮斌	中正街三七九號
十六	孫柏平	紫金觀巷二二號
十七	徐鈺根	大塔兒巷三三號
十八	韓翰臣	盔頭巷三七號
十九	言雲楠	中山中路
二十	許行椆	下興忠巷六四號
廿一	丁寶富	中山中路四一三號
廿二	鄭啓瑞	青年路五八號
廿三	鮑杜笙	青年路五十八號
廿四	王錦章	延齡路二七七號
廿五	陳聖海	中正街一〇一號
廿六	汪子春	中山中路六一三號
廿七	王志堃	延齡路二七四號
廿八	王仲賢	延齡路二七四號
廿九	桂兆祥	延齡東六弄十八號

第三區　各保長

保別	姓名	地址
一	李福慶	潮鳴寺巷潮鳴寺內
二	吳漢文	潮鳴寺巷潮鳴寺內
三	雷炳齋	綱馬巷六號
四	張永根	東街路九四三號
五	陳淮芳	北大樹巷一七號
六	陳德慶	北大樹巷一七號
七	張金海	倉弄一〇號
八	夏品型	東街路一二三一號
九	朱子坤	東清巷五號
十	周鶴雲	磨盤井巷六號
十一	胡金海	新橋直街一二號
十二	盂天貴	夏候巷一六號
十三	錢金有	忠清巷二七號
十四	宋金水	文龍巷八〇號
十五	裘兆麟	五福樓四五號
十六	王餘林	長慶街六九號
十七	孫芝舫	楚妃巷一三號
十八	高章華	上蕉營巷四〇號
十九	陶永德	上蕉營巷四〇號
二十	蔡順祥	屏風街一〇六號
廿一	趙英權	竹竿巷六一號
廿二	陳公度	長壽路福壽里六號
廿三	劉敬奎	孩兒巷八六號
廿四	方以明	觀巷六四號
廿五	邵子厚	下倉橋天解殿樓上
廿六	王梓淸	下倉橋天解殿樓上
廿七	顧妫成	下倉橋天解殿樓上
廿八	沈廷楨	下倉橋天解殿樓上
廿九	周子祥	石板巷四三號梵華庵
三十	金長有	五福樓四五號
卅一	顧罕谷	孩兒巷八六號
卅二	陸生裕	下倉橋天解殿樓上
卅三	費正榮	上西大街武林祁二衖二號

第四區　各保長

保別	姓名	地址
一	王鳳春	古蕩灣
二	陳泉興	營盤地
三	余樂山	松木場
四	王林春	保俶路
五	孫有生	外西湖
六	邵寶康	岳墳街
七	陸錦珊	青石橋
八	王永熙	九里松
九	胡光照	靈隱路
十	徐學湘	龍井
十一	馬步青	裏鷄籠山
十二	樂行檢	翁家山
十三	董兆康	三台山
十四	聞家榮	淨寺河下

第五區　各保長

保別	姓名	地址
一	翁生榮	梅家塢
二	吳法有	梵村
三	陳鏞	閘口崔子塔前
四	張德林	閘口小橋裏街
五	陳雙喜	化仙橋裏街
六	劉樹淮	惟善亭聚森昌木行
七	柴紹祖	海月橋景福廟前
八	董高源	南星橋秋濤路
九	楊學敏	警署街
十	湯桂清	鳳山門外直街生源號
十一	何保安	候潮門外抽分廠
十二	汪中仙	望江門外上木場巷
十三	鄭傳奎	望江門外直街
十四	徐如松	望江門外大通橋
十五	朱培生	望江門外三多圓
十六	沈錫泉	清泰門外
十七	陳榮根	清泰門外
十八	陳海潮	清泰門外觀音堂
十九	孫錫鏞	一堡外沙定海殿

第六區　各保長

保別	姓名
一	陳德華
二	柴長生
三	俞省三
四	沈悅掌
五	高福財
六	王連生
七	沈成春
八	楊錦福
九	沈沛榮
十	梁振聲
十一	翟良桀
十二	張錫春
十三	于學篪
十四	沈文興
十五	符傳根
十六	沈祖根
十七	洪寶椿
十八	虞九如
十九	姚景春
二十	夏鉅仁
二一	袁春法

第七區　各保長

保別	姓名
一	周培鈞
二	黃乃泉
三	張元良
四	趙頤順
五	孫仁芳
六	俞寶發
七	薛培銓
八	湯培德
九	劉本榮
十	朱鵬龍
十一	徐德貴
十二	許武尚

第八區　各保長

保別	姓名	保辦公處地址
一	張永慶	半道紅
二	李子庚	湖墅關帝廟九號
三	葉正鑫	清朝寺牌樓十二號
四	虞文孝	清河塘十四號
五	王慶賢	王馬家村
六	卜連寶	企基上卅五號
七	黃繼泉	大夫坊五十號
八	田紹龍	明眞宮四十號
九	劉鈺岷	大兜街七十三號
十	邱申元	紫荊街
十一	王子芳	傳橋頭五號
十二	沈朗明	大同街一二〇號
十三	胡寶林	裏馬路三十二號
十四	龔徐德	大馬路三十一號
十五	蔡坤庭	西橋直街九十號
十六	潘祖恩	會安橋二十三號
十七	丁逸	瓜山董家角
十八	章東順	章家埭
十九	高天龍	高家弄
二十	陳熙	西文車
二一	吳椿壽	阜亭壩
二二	王志慶	蔡家橋

主管首長小史

省政府各廳處

省政府主席沈鴻烈

湖北天門人，六六歲，日本橫須賀日本海軍學校畢業。歷任東北海軍艦隊司令東北海軍總司令、青島市市長、中央執行委員、山東省政府主席、農林部部長、中央黨政工作考核委員會祕書長等職。

祕書長雷法章

湖北漢川人，四六歲，華中大學畢業。歷任青島市教育局長、社會局長、山東省政府祕書長兼民政廳廳長、農林部政務次長、內政部常務次長。

民政廳廳長阮毅成

浙江餘姚人，四五歲，法國巴黎大學畢業。歷任中央大學教授、中政校法律系主任、浙江省第四區行政督察專員、參政會特別祕書。

財政廳廳長陳寶麟

河北東光人，四九歲，中國北京大學畢業。歷任鄞縣縣長、浙江省政府會計長等職。

教育廳廳長李超英

浙江永嘉人，五〇歲，英國倫敦大學經濟學博士。歷任國防最高委員會財政委員、中央黨務委員會委員等職。

建設廳廳長皮作瓊

湖南沅江人，五〇歲，法國國立朗西森林水利大學林科畢業。歷任實業部技正、中央模範林區管理局局長、農林部技正技監等職。

地政局局長洪季川

浙江瑞安人，五二歲，日本早稻田大學畢業。歷任中央政校土地講師、平湖縣長。

社會處處長方青儒

浙江浦江人，四二歲，中央黨務學校第一屆畢業。歷任浙江省黨部執行委員、國民參政員、中央執行委員。

衛生處處長徐世綸

浙江紹興人，五一歲，浙江公立醫藥專門學校畢業。歷任後勤部衛生處副處長、軍政部軍醫署第一處處長、衛生司長等職。

田粮處處長陳貽

浙江昌化人，四四歲，上海法學院畢業。歷任田粮副處長等職。

會計長陳景陶

浙江奉化人，四二歲。曾任中央監察委員會稽核處長。

祕書處處長張協承

浙江嘉興人，四七歲，國立北京大學畢業。歷任國家總動員會議簡任主任祕書、設計委員、中央設計局專門委員等職。

新聞處處長孫義慈

浙江奉化人，五一歲，中山學院畢業。歷任中宣部科長、專門委員、特派員等職。

人事處代處長韓璞山

以字行，山東萊蕪人，現年三十九歲，山東大學文科畢業，中訓團黨政班畢業。曾任青島市政府視察、山東省政府祕書兼山東省黨政軍幹部學校祕書及總務處長、山東省訓練委員會主任祕書、山東省訓練團總務處長、山東省政府參議等職。現任人事處第二科科長代理處長。

省黨部主委張強

號毅夫，永嘉人，五十三歲，國立北京大學法學士。曾任軍事委員會政治部主任，中國國民黨浙江省第二、三、四、五屆執行委員，先後兼組織部長、國民會議代表、中央組織委會祕書、第五屆中央執行委員、軍事委員會戰區軍風紀巡察團委員、黨政工作考核委員會考察團副團長、河南、貴州兩省黨部主任委員、中央組織部副部長、第六屆中央執行委員、國民大會代表。

浙軍管區副司令許宗武

廣西桂林人，保定陸軍軍官學校第一期騎兵科畢業，中央訓練團黨政班及兵役班結業。性行篤實，學識豐富，歷任師旅團長，卓著戰績，二十三年任委員長南昌行營參議，二十四年以後任浙江第九第八等區行政督察專員兼保安司令及第三戰區游擊總司令部中將參謀長、溫台防守司令，二十九年調任錢江南岸中將指揮官，三十三年升任浙軍管區副司令。

浙江支團部幹事長胡維藩

號凌雲，浙江遂安人，現年四十五歲，黃埔軍校畢業。曾任河南省黨部書記長、甘肅國民軍訓處處長、甘肅支團部主任。三十二年，選調中訓團黨高班受訓。三十五年三月，奉團長電調主持浙江團務。同年五月，支團改選，胡氏膺選幹事，九月，本團召開二屆團員代表大會，氏復被選爲中央幹事，連任浙江支團幹事長。

杭州市市長周象賢

字企虞，年五十三歲，浙江定海人，美國麻省理工大學科學士。歷任北京市政公所工程師、國立北京大學工科講師、內務部技正、浙江沙田局局長、杭州市市長、財政部參事等職。

市政府各處局

祕書主任徐雄飛

三十九歲，江蘇江陰人，清華大學畢業。清華研究院研究四年，歷任浙江省政府祕書、壽昌、松陽等縣縣長。

祕書黃雲章

別號卓人，年四六歲，浙江富陽人，國立東南大學預科畢業。歷任江蘇江浦財務局長、無錫縣政府主任祕書。

祕書孫歲模

別號君直，三十九歲，浙江慈谿人，寧波效實中學畢業。歷任江浙兩省箔類營業稅局會計主任。

財政局局長秦履泰

字益民，四十六歲，浙江慈谿人，北京財政商業專科大學畢業。歷任浙江省政府會計處專員。

教育局局長鍾伯庸

四十九歲，浙江蕭山人，上海大學社會科學院社會學系畢業。歷任浙江教育廳科長財政部專員。

工務局局長沈景初

字叔成，五十四歲，江蘇海門人。北洋大學土木系畢業。歷任浙江省公路局長。

衞生局局長翁文淵

四十三歲，浙江鄞縣人，天津北洋醫學院畢業。歷任廣西省衞生處處長、中央衞生署專員。

警察局局長沈溥

別號雲程，五十二歲，浙江杭市人，內政部警官高等學校正科畢業。歷任寧海、杭縣、臨安等公安局長。

民政科科長黃麗生

浙江青田人，浙江省警官學校正科畢業。歷任壽昌縣政府主任祕書、浙江省民政廳視察。

社會科科長俞譽宏

別號逸羣，三十二歲，浙江杭市人，上海法學院畢業。歷任宣平縣政府主任祕書。

地政科科長徐鍾渭

別號師■，四十歲，江蘇江陰人，中央政治學校大學部經濟系畢業。歷任紹興縣田賦管理處副處長。

軍事科科長陳壽椿

別號天籟，四十八歲，永嘉人，浙江陸軍軍官教育團步科畢業。歷任保安司令部中校參謀。

田粮科科長陳孝感

三十四歲，浙江建德人，上海中國公學畢業。縣政府祕書及社會科長。

會計室主任汪慶恩

四十六歲，浙江餘杭，南通學院紡織工程系畢業。歷任上海交通銀行稽核、浙東紡織廠會計主任。

青年團杭州區團部主任王傳本

現年三十三歲，籍杭市，中央幹部學校及中訓團黨政班畢業。先後從事教育文化工作三年，團務工作七年。曾任浙江支團第三組組長，主編浙江青年及戰旗週刊。民三十年膺選出席青年團全國團員代表大會代表，去年當選浙江支團監察。至本年二月，奉調主持杭州區團。其著作有：「火力圈外」「門外劇論」與「青年心理病態及其治療」等書。

議長張衡

別號佐時，現年五十八歲，浙江杭州市籍，家本清寒，十歲失怙，得胞兄又萊教養，十六歲以前在私塾讀書，涉獵經史，十七歲入杭州高等小學肄業一年以達畢業程度，次年由校保送杭州市中學，以學費無着，承小學校長鄭岱生教員王菊昆二先生資助，在中學三年級，考入浙江優級師範，民前二年畢業，卽在本校服務，民元再學法政，至五年畢業，自民前二年至民國十五年，均在杭市執教。歷任第一師範甲種商業甲種工業第一中學，私立法政醫藥專門等校教員，錢塘道師範講習所所長，杭縣第五高小校長省立公衆運動場場長，通俗圖書館主任，通俗教育講演所所長，在民十三年春，至十四年夏，奉浙江省長派赴歐美考察教育，行經十餘國，環繞大地一週，十六年國軍抵杭，任教育廳督學未幾改任江蘇教育廳祕書，繼任江蘇大學區祕書，十八年任中央大學祕書長，十九年冬任浙江省政府祕書，旋改科長，任職四年，二十五年在杭州執行律師職務，二十六年杭州淪陷後，避難于上海租界，抱定不合作主義，堅負自持，賣借度日，三十一年至重光，爲介紹地產買賣，以維生計，寧爲勞賤之事，而志不移。重光後復業律師，對刑事原告案件不辦，民事而無理由者不接，義務案件所不辭謝，上年杭市臨時參議會成立，由黨政指任爲臨時參議員，現任杭州市參議會議長，其主持會務，及對外表示均以多數參議員意思爲意思，極爭民主政治之上流，並以提倡政治道德爲議事規範。

副議長許燾

字曼秋，祖籍皖南祁門，生長杭州。卒業上海震旦大學院文科。氏於民國十五年夏季加入中國國民黨，從事祕密工作，曾一度被逮，以無證據暨年幼得釋。十六年春，國民革命軍抵定兩浙，氏與同志參加活動，主持杭州第二區黨部，領導工會，當時頻頻舉行之武裝遊行，氏均與焉。清黨令下，氏專志攻讀。十七年總登記後，又參加黨務活動。歷任蕭山縣黨部常務委員，青田縣黨務整理委員有年。又以黨務活動，比較廣泛，乃又選定新聞事業，以爲終身事業之寄託，曾先後任蕭山民國日報社長，諸暨國民新聞編輯，浙東民報總編輯，紹興民國日報社長，東南日報資料室主任兼評論撰述委員，民族日報總編輯，浙西日報副社長諸職凡十七年，然經此長期之夜生活，及戰時八年之磨難，身體遂羸弱不支矣。氏現任浙江省黨部執行委員，杭州市參議會副議長，爲人和平寬大，常謂「助人而不與人爭，於心最樂」，故氏雖參加一般社會活動，良以中庸辭讓爲本，而人亦鮮與之爭云。

參議員簡歷

羅雲

字少秋，六三歲，杭州人，浙江鐵路學校畢業；歷任鐵路、水利工程二十餘年，杭州市政府科長、祕書主任、參事等職十餘年。

余擇生

原名競，以字行，三八歲，杭州人，前浙江省立女子師範畢業；曾任女師附小及市立橫河橋小學低級部主任，省立貧兒院教導主任等職二十年；現任浙江省會兒童樂園主任，浙江省婦女會常務理事。

丁紫芳

六〇歲，紹興人，英國格拉斯哥大學工學士；曾任浙江紹、蕭、鹽、平等處塘工程局局長，安徽省會、青島、濟南等市工務局長。

章洪濤

四九歲，杭州人，志成舊制中學畢業；曾任省、市黨部幹事，民運特派員，杭州市貧民給與處主任等職；現任杭州市黨部幹事。

蔡競平

五四歲，吳興人，清華大學畢業，美國哥倫比亞大學碩士，曾任交通部司長杭州市臨時參議會參議員；現任杭州電氣公司經理。

高維魏

字孟徵，五八歲，杭州人，日本帝國大學農學士；曾任浙江省第二屆省參議員，浙江實業廳農科主任，公立農業專校校長；現任杭州市私立安定中學教員。

朱士剛

三一歲，杭州人，杭州私立蕙蘭高中畢業；曾任福建區稅務局浦城查驗所主任，企中實業公司業務專員，浙江省賑濟會難民工廠駐閩辦事處主任；現任廣大運輸公司經理。

錢英

字峙雲，四〇歲，原籍武進，浙江公立法政專校本科畢業；曾任浙江省婦女會常務理事等職；現任勝流半月刊社社長。

劉譜人

四七歲，原籍上虞，浙江省立女子師範暨日本東京美術專校畢業；曾任上虞縣縣黨部常務委員兼婦女部長，浙江省立高級助產學校教導主任，現任浙江省婦女運動委員會委員。

徐梓林

四六歲，原籍建德，浙江公立醫藥專校畢業。曾任軍醫監，浙江省區救濟院總幹事等職；現任浙東木行經理。

湯兆頤

字旦元，五三歲，杭州高等鉄道學校暨法政專校畢業；歷任浙江省財政廳沙田官產處祕書、局長、所長舊杭屬水利工程主任，杭州市區長等職二十餘年。

吳剛乾

字曼佛，三七歲，原籍新登。新登縣立師範畢業；曾任新登縣嶺西區署區長，蕭山縣政府祕書，蕭東行署主任，杭州市第二區區長等職。

鍾毓龍

字郁雲，六七歲，杭州人，曾任中學教員、校長四十一年；現任浙江省通志館編纂。

程心錦

字粹華，四九歲，原籍徽州，舊制中學畢業；曾任杭州市商會常務理事；現任浙江全省商會聯合會理事，杭州市商會常務理事，綢商業公會理事長，德太和綢莊總經理。

朱啓晨

字雲曙，五七歲，鹽城人，北京法政大學法律科畢業；曾任浙江杭縣、金華等地方法院推事、庭長，浙江高等法院推事等職十四年現在杭州、上海兩地執行律師業務。

華賜

字公賜，三七歲，杭州人，上海羣治大學畢業；曾任黨務及新聞工作十六年；現任杭州市黨部執行委員，市商會祕書，現代通訊社社長。

褚壽康

字迦陵，五四歲，餘杭人，前浙江省立女子師範畢業；曾任中學教員、校長三十年，及省賑濟會祕書，省婦女會理事，婦運會委員，省婦女幹部訓練班教育長等職；現任惠興女中校長。

朱一青

五二歲，杭州人，浙江法政專校畢業，中央訓練團十六期結業；曾任杭縣縣黨部及杭州市黨部執行委員，三民主義青年團浙江支團監察杭州市立中學及浙江省立溫州中學校長十八年現任私立新羣高級中學校長。

湯宗耕

字忠根，四四歲，杭州人，中學肄業；曾任杭市北山村義務保衞團副團長，商民訓練隊分隊長，杭州市第三區、第四區區長，杭縣調欽區區長；現任杭州市第四區區民代表會主席，第四區農會理事長。

淩水心

字慶澄，五三歲，紹興人，兩浙師範學堂畢業；曾任前杭州市南星里里長，第五區區長，浙省糧管處科員，第三戰區貿聯處諸暨站站長，浙江省立醫院事務主任，永康縣政府科員等職；現任杭州市商會監事，柴炭行業公會理事長。

蘇德鈞

原名民，以字行，四四歲，建德人，浙江九中舊制畢業，浙軍第一師軍官教育團畢業，第三戰區將校研究班第一期畢業；曾任建德縣黨部常務委員，漢口市公安局督察處調查股主任，福建省海味營業稅總局長，建德縣山鶴鄉鄉長，杭州市第五區區長等職。

劉清士

四四歲，杭州人，上海申江公學畢業；曾任杭市六區一聯保主任；義務團獨立分隊長，現任杭州都錦生絲織風景廠副理兼廠長。

朱承德

字祖榮，四一歲，杭州人，蕙蘭中學畢業；曾任杭州市黨部監察委員，市商會執行委員，京滬杭路特別黨部總務科長兼滬杭甬辦事處主任等職；現任杭州市黨部計劃委員。

鄭丙賢

三八歲，杭州人，中學畢業；曾任杭州市第七區聯保主任；現任瑞昌藥號經理。

吳少淳

少純，四七歲，杭州人，浙江商業簿記學校畢業；曾任前國民革命軍第十九軍政治部祕書，杭州市政府金庫主任，企信銀團聘駐浙省電氣局監察；現任杭州電氣總廠稽核。

龐菊甫

五〇歲，杭州人，浙江黨務人員養習所畢業；曾任縣黨部委員及杭縣市參議員，現任杭州市商會常務理事浙江省交通特別黨部委員，浙江省商會聯合會理事。

徐文达

字海粟，四五歲，東陽人，東陽舊制中學畢業；曾任浙江省粮食管理處、局科長；第三戰區駐浙倉運總站長；現任浙江全省商會聯合會理事，杭州市商會理事兼主任祕書。

張旭人

以字行，五三歲，吳興人，浙江私立法政專校法律別科畢業；曾任浙江省議會第二、第三屆省議員，杭州造幣會辦，浙江禁烟局杭縣分局長，西湖博覽會財務處長，浙江地方銀行監察人，浙江省賑務會常務委員，浙江儲豐銀行及太平等保險分公司經理，現任杭州市商會及銀行商業同業公會常務委員，浙江儲豐銀行經理。

葉佩菁

四二歲，桐廬人，浙西地方行政幹訓團第八期畢業，上海國語專校畢業；曾任桐廬縣黨部委員，素北鄉鄉長，臨安師範講習所教員，教育局課長各小學校長，省、市、縣婦女會理事等職二十年；現任杭州市浣紗路中心國民學校校長。

鮑祥齡

字遐齋，五二歲，原籍杭縣人，私立浙江法政專校畢業、司法官考試及格；歷任蘇、浙、鄂等省法官，杭縣律師公會會長；現在杭州執行律師業務，並任杭縣律師公會常務理事。

周師洛

字仰川，五〇歲，原籍諸暨人，浙江省立醫藥專校藥科畢業；歷任浙江陸軍第二師第八團司藥，杭州中英藥房藥師，同春藥房總經理，杭州民生藥廠總經理，兼前杭州市商會執行委員，新藥業公會主席，上海新藥業公會監察委員，南平新藥業公會理事長；現任民生藥廠總經理，杭州市商會理事，新藥業公會及藥師公會理事長。

蔡世雄

字子英，五四歲，原籍諸暨人，浙江農業學校暨內務部地方自治模範講習所畢業；曾任遂安縣政府兵役科長、軍民合作指導分處副處長，衢縣縣政府祕書、橫路區署區長，杭州市政府科員等職；現任正大運輸行協理。

樓德武

三五歲，原籍浦江人，上海法政學院畢業；曾任浙省訓練團訓育指導員、教官、中學訓育主任，縣政府祕書、科長，省黨部民運會指導室主任；現任浙江省黨部股長，杭州市農會理事長。

陸明

字光甫，四二歲，杭州人，南京五卅公學文科畢業；歷任黨務、教育、社運工作二十年；現任杭州市黨部幹事、候補執行委員，杭州市農會理事。

曹振

字玉成，五三歲，原籍蘭谿人，中學及中央訓練團畢業；曾任浙江省黨部幹事，黨訓班訓育主任，省、市農會理事；現任杭州市農會理事。

汪廷鏡

四一歲，杭州人，中學畢業；曾任郵務工作二十年；現任艮山門郵政支局郵務員，杭州郵務工會常務理事，總工會理事長。

趙水根

字沐，二九歲，原籍蕭山人，高小畢業；在杭州絲織業服務十二年；現任杭州市絲織產業工會理事兼總務股長。

沈劍卿

字銘，四五歲，原籍紹興人，高小畢業；現任蝶來飯店招待及杭州市旅店業職業工會常務理事。

趙廷秀

字建華，四三歲，原籍紹興人，高小畢業；舊係織造業；現任杭州市人力車職業工會常務理事。

錢宗翰

年七十七歲，杭州籍，歷任浙江女子師範學校，杭州第一中學，安定，宗文，蕙蘭各中學教員，杭縣商業學校校長，前後共計三十六年。又浙江第一屆省議會議員，杭縣縣議會議員，杭縣參事會參事。杭州市政府參事及祕書主任。又杭縣教育會會長，杭州市臨時參議會參議員。

張明誠

五六歲，杭市人，浙江第一師講所畢業，曾任杭市小學校長二十五年，杭縣教育會常委，杭州市黨部民運指導員。

各區長小史

第一區區長厲謙

字益吾，三十二歲，浙江杭州市人，幼好學，深痛國難，憤然蓄投筆從戎之志，民二十五年離大學後，即服務省會警界，及抗戰軍興，復服役於浙江省保安團隊，輾轉錢江南岸及浙西各縣，身歷數十戰役，負傷及愈，調任金蘭警備部工作，三十一年金蘭失守，入閩省南平，在第三戰區劉副長官部任職，日寇敗降，遄返故里，服務杭州市政府，任職於社會科經年餘，調充杭州市第一區區長，爲人生性率直，坦白，勇於任事，爲桑梓服務，尤不遺餘力，循聲頗著。

第二區區長楊家俊

字嘉雋，現年三十三歲，原籍紹興，寄籍杭州。

二十七年秋，中央爲造就戰時人才，成立戰時工作幹部訓練團，招致優秀青年，乃卽赴贛南，考入該團，結業後，派回浙江服務，參加戰地政治工作隊，進駐敵後，掀起海北路東之反敵鬥爭，出入槍林彈雨之中，爲時年餘，襄助政府樹立敵後政權，頗爲浙西行署主任賀培心氏所器重。旋卽奉調行署，主管政工，政訓事務，並兼辦青年團工作，在天目山成立直屬區隊，籌建浙西青年館等。以其工作熱枕之表演，各項計劃設施，多能迅速完成，有譽爲「天目青年」之稱。三十二年九月，復任浙西青年服務隊隊長，率領隊員四十餘人重進入敵後。

其後分在德清、武康、杭縣參加實際縣政工作，歷任區長、祕書、民政科長，健全戰地基層行政，加强鄉保組織，不遺餘力。勝利後調任市府視察，深得周市長信任。

第三區區長錢鏡西

杭市人，民國十五年加入國民黨，最初原服務於教育，北伐軍興，棄筆從戎，加入國民革命軍東路軍前敵總指揮政治部，負責領導上海工人運動，北伐完成，即在蕭山杭縣各縣黨部負責組織農民。七七蘆溝橋事變起，即在浙江省抗敵後援會戰地服務團的組織下，率領百餘青年，輾轉於浙東浙西，以及杭嘉湖一帶三角地區與敵苦鬥八年。

民國二十三年杭市舉行市參議員選舉，錢區長即已膺選爲參議員。二十六年戰事發生，就任第二區區長，後因杭市淪陷而離職。勝和復員後，初次出長三區，任職八閱月，奠定了還治後區政各項基層工作，其後又當選市參義員而離職，在市參議會中，以守正不阿之態度，才獲得大炮議員之美名。

第四區區長潘寶泉

年五十三歲，江蘇人，同濟大學畢業，遠在民國十二年，創辦杭州市永華公共汽車公司，爲杭市公共交通之嵩矢，抗戰前曾在義勇警察及防護團等任職，日軍犯境，奉令內遷，將車輛全部供給軍運，輾轉滇、緬、湘、贛、渝、陝、雲、貴等處。勝利復員，鑒於公共交通之重要，恢復永華公共汽車之行駛，並隨時改進行車等安全。去年第四區地方父老敦促參加競選民選區長，今年復組織義勇警察，被推爲第四大隊副中隊長，平身待人和靄，處事勤慎，熱心公益，此次出任區長，深得人心。

第五區區長嚴有容

字復華，年四十歲，原籍建德，寄籍杭市，上海持志學院政治系畢業，銓敍部薦任官甄審合格，考試院省縣公職候選人員考試及格，曾充中國國民黨建德等縣縣黨部黨務指導員淸黨委員，革命軍師政治部科長，浙江省第九區民衆教育館館長，縣政府民政建設等科科長及區長，警佐，公安局長，糧食管理處主任，田粮管理處科長，粮政局集中糧倉主任，驛運管理處驛運站長，水陸聯運管理處調派站長，杭州市第五區區長，現兼任杭州市市民消費合作社監事。

第六區區長邵景良

三十六歲，宗文中學畢業，戰時曾任兩路黨部杭州聯絡組組長，去年當選市參議員。

第七區區長汪思敬

現年三十八歲，原籍安徽歙縣，寄籍杭市，畢業於浙江省立第九舊制中學，曾任建德縣政府教育民政科科員、教育局課長、警察局督察員、梅城鎭鎭長、福建省公沽局石陂、臨江分局主任、浙江省第十一區行政督察專員署警稽查處少校情報組長。

第八區區長邱祥毓

臨海人，畢業於前浙江省立第一師範學校本科，歷任浙江省立六師六中附小敎職，杭縣杭市區教員校長等職，前後近二十載。民二十六年奉命兼長杭市第八區公所區長，抗戰軍興，隨軍後撤淳安，充任淳安縣政府督學等職。

杭州特產

茶葉　產龍井獅子峯者爲最佳，其次則龍井、雲棲、虎跑，俗有獅龍雲虎之別。茶色綠作荳花香，產於清明前者曰明前，初抽嫩葉，價貴而淡薄無味。產穀雨前者曰雨前，普通皆是，本市中山中路之翁隆盛，各茶齊備又裝璜精美，購者最多，爲杭市唯一之茶業領袖。

絲織物　杭多絲織廠，故所出絲織品，聲聞中外，綢緞分鉄機織、木機織兩種，花樣與名目甚多。紗有春紗、官紗、縐紗之別，紡有杭紡、板紡、羅紡之別，如高義泰等，皆可購得。啓文都錦生之絲織廠所製西湖風景片及天竺綢傘檀香絹扇，式樣新奇，更爲精美，花色繁多，餽贈最宜。

藥物　胡慶餘堂、葉種德堂、發售丸散膠丹元參麥冬，久負盛名。

筆　三元坊邵芝岩筆店所製之毛筆，爲杭州製毛筆之唯一老店，加工選料，確屬佳品。

杭粉及化妝品　孔鳳春之香粉，四遠馳名，遐邇咸知，當新式化粧品未曾流行之時，婦女多購孔鳳春之香粉，以資塗抹。有玉樓宮粉一種，伶界中人，化粧時視爲最合用之化粧品。

杭扇　杭州扇子，種數甚多，依扇骨而別其大概，有青竹，檀香，冲牙，光漆，棕竹，湘妃等，扇面有白紙，洒金，泥金等之分，本市以王星記爲最老最佳，該號並兼售名人書畫，業務至盛。

杭剪　杭剪首創爲張小泉近記（不同者，（泉）（近）兩字可爲識別），精工監製，式樣靈巧，而且現在繼承主人張祖盈先生，首創改良剪刀，以機器製成，表面鍍鎳，較之以前更進步而更美觀，式樣繁多，普通類有平面各作，平面銀作，平面各樣，硃漆平面，札籐平面，平面水磨，硃漆平面洞庭，平面水磨洞庭，平面加工料，硃漆平面加工料，硃漆空面，札籐空面，出白空面，本色空面，空面洞庭，硃漆各樣等十八種，改良有鍍鎳西式刻花，杭式刻花，杭式各樣，蘇式各樣，京式各樣，葫蘆式各樣，研光硃漆籐柄各樣，鍍鎳杭市七把套剪，各式五把套剪，各式三把套剪，雜式各樣，西醫剪等十二種合計普通式有一百〇一種，改良式有七十一種。張小泉近記百年老店，在大井巷，分店在新市場陳列館原址。

（按張小泉近記已達十二世，歷代世系爲張小泉七世孫近高，八世孫爲樹庭，九世孫爲載動，十世孫爲利用，十一世孫爲永年，十二世孫爲祖盈，祖同。）

竹器　西湖諸山皆種竹，故鄉間人家，多數以竹爲器，賴竹爲原料，有作爲桌椅書架等具，製售於市上以爲生，但因簡單粗劣，難登大雅之堂，而編成之大小竹籃，則式樣甚多，非常玲瓏，工頗精細，各地來遊者，大都購去盛物。

天竺筷 以文武竹之細節製成，輕巧玲瓏，上好者，購歸以銀子鑲頭，則更美觀。製作者都屬家庭工業，工場在大井巷中，此種文武竹，卽餘杭臨安一帶所產之苦竹，從前一端製筆桿，一端製箭桿，現在箭桿已無用處，乃改製捲烟筒管及司的克之用。

紙雨傘 紙傘分漆傘「俗稱文明傘」小花傘「女傘」，有各種西湖風景圖案，非常美觀，價廉物美，荐橋孫源興所製者爲最出名。

錦緞 錦緞乃用各色之絲交織而成，出品爲台毯，椅墊，背墊等，專用於西式之器具上，因專銷洋莊，故圖案都富有東方美術色彩，五色繽紛，燦爛似錦，如天女散花，黛玉葬花等等：此則爲杭州絲織界之新貢獻，唯下城花燈巷祥源織綢廠，專門織造。

絲線 杭州絲綫爲五杭之一，以張允升爲最，該號兼營帽子與百貨，業務甚廣。

杭帽 杭帽因杭緞出品優美，故所製品，遂出乎其類，拔乎其萃，各式瓜皮小帽，以保佑坊之天章，清河坊之張允升，爲最負盛名。

茶食　杭市茶食以頤香齋爲最著，其糕菓食品尤爲聞名，五味和冠生園等亦佳，華歐製糖廠自製之果食銷路甚廣，附設之西菜爲來杭人士所最稱道。

杭鞋　杭州布底鞋，其製法與其它地方所製者不同，杭製第一墊底之布，均爲新布，並無舊布摻入，故經着耐久。第二所用之杭緞，都屬上品，因之光彩異乎尋常。其餘各種男式女式之皮底單鞋及棉鞋，加工選料，亦都屬上選之品。此中以洋壩頭之爵祿清河坊之邊福茂，皆爲數十年老店，四遠馳名婦孺皆知者也。

湖上特產

一、蓮藕

西湖產蓮，本不著名，惟當細雨霏微，扁舟一葉，穿行荷叢之時，頗啓人幽思也。宋時宮內香遠堂東大池，曾植千葉白蓮，今東大池既已滄海，千葉白蓮，亦成廣陵散，卽金蓮，雙蓮，繡蓮等異珍，亦俱不可得見矣。惟蓮雖不名於西湖，而藕粉則爲西湖名產，藕出西湖者，甘脆爽口，匾眼者尤佳，其花有紅白二種，白者香而多藕，紅者豔而結蓮。

二、蕈與蒓

蕈一名菌，多生山谷松竹間，有可食有不可食，誤食不可食者能殺人。康熙仁和縣志載：「有夜光者，煑不熟者，湯照人無影者，俱能殺人，不可食。」又西湖志云：「西湖諸山中，有松花菌，色紅潔可愛，俗名胭脂蕈」。又咸淳志云；「東坡與參寥，智泉得黃耳蕈，詩曰：「孝楮忽生黃耳蕈，故人兼致白芽薑」。其大者，淨白名玉覃，最貴，黑者名茅茵，赤者竹菰，皆下品。

蒓卽蓴，生西湖中，春末夏初，始行採取，西湖第三橋望山出蓴菜（見西湖遊覽志餘），初生無葉，名雉尾蓴，又名馬蹄蓴，葉舒長，名絲蓴，至秋則無人採矣。

三、筍

扶竹筍為今武林山所產，紫桂筍，狸成甲斑，縹緗不可勝言，燕筍色紫，苞當燕至時生，故俗名燕筍。猪蹄紅冬月卽生，埋頭土中，以鋤掘之，可三寸許，其味極鮮，甲於他筍，其先籜元又名元筍，又名蛋筍。蓋冠諸筍而先出者。

四、枇杷

枇杷出杭縣塘棲，西湖所產不多，惟靈隱寺昔時所產者頗育名，靈隱寺大殿下有雙枇杷樹，花實異他所，其實白者為上，黃者次之，無核者名椒子枇杷。

五、菱芡

菱初生嫩者為沙角，硬者為餛飩，湖中生如栗樣者極鮮，芡又名鷄壅，產西湖者尤勝，然不多也。東坡望湖樓醉書五絕詩云；「烏菱白芡不論錢」，可見昔時所產菱芡之夥，又萬歷錢塘縣志云；芡實香輭而粒大，其名貴可見。

六、楊梅

西湖所產楊梅確不及蕭山之多，但其品並不在蕭山之下，如石塢，梵天寺，兩山，十八澗，徐村，龍井等處，皆產楊梅醉也。石塢產者有紅白二種，昔時有聖僧梅，與金婆楊梅之稱，兩山產者有早色，晚色，燻色，喫色數種，早色色最紅，味酸，燻色色紫黑，味甘美，喫色晚色俱紅紫半，晚色味鬆甜，北山多早，南山多晚，燻色並有之，可晒，可水，可糖可蜜。

緊急須知

緊急及交通電話

火警

吳山瞭望台	城隍山	二二五〇
消防隊	西浣紗路三八號	二二五九
杭州市各界救火聯合會中區救火會	萬安街西弄八號	二二八三
杭州市各界救火聯合會南區分會	琵琶街二三號	二二八一
杭州市各界救火聯合會西區分會	吳山路	二二八〇
杭州市各界救火聯合會東區分會	鹽滷缸巷口	二二八二
芝松集救火會	金波橋九號	二二三三
橫河集消防組	東街路二八九號	一三三六
藩運淸波集龍局	竹齋街二〇三號	一九〇九
湧金集救火會	鬧市口三八號	一四一一
杭州市救火總會籌備處	河坊街一四號	二〇〇五
大井水師咸安集救火會（第一一公用電話）	望仙橋河下三八號	一四八二
新市場救火會（第一七公用電話）	吳山路一四四號	一九四二

盜警

杭州市警察局督察處	太平坊巷	二二二六
杭州市警察局督察長室	太平坊巷	二二三一
杭州市警察局第一分局	會館河下二六號	二二三二
杭州市警察局第二分局	蒙古橋	二二三九
杭州市警察局第三分局	忠淸巷	二二四六
杭州市警察局第四分局	岳墳街五六號	二二五一
杭州市警察局第五分局	南星橋警街署	一七二五
杭州市警察局第六分局	艮山門外灣兒頭一二號	二二五五
杭州市警察局第七分局	筧橋	二〇七四
杭州市警察局警察大隊部	西浣紗路三八號	一九三〇
杭州市警察局刑事警察第三大隊	通江橋塊下武聖宮	一七四五
杭州市警察局行宮前偵緝總隊	西府局五號	二二五七
杭州市警察局偵緝第二分隊	法輪寺	二二五八
憲兵第七團總值日官室	板橋路一五號	一九九一
憲兵第七團中區憲兵隊	大學路虎林公司	二六九〇
憲兵第七團西區憲兵隊	延齡路一二一號	一七二一
憲兵第七團第一營營部	柳翠井巷	二二六二
憲兵第七團火車站憲兵隊	城站	一八三二

急病

浙江省立醫院	横長壽路二三號	一三五七
杭州市民醫院	學士路四一號	一八五六
仁愛醫院	刀茅巷一七四號	一三一九
廣濟醫院	中正街四二五號	一二五〇
廣濟醫院	中正街四二五號	二三八〇
浙江病院	勞動路一二五號	二三三〇
浙江市立傳染病院	清波門外五二號	二六九三

交通

詢問旅行事宜	中國旅行社	二五五五
車站問訊處	城站	二七一六
浙江省交通處	延齡路	一五八五
杭徽公司	英士街	一六三四
武林門車站	武林門	一七三〇
杭州市公共汽車公司	英士街	一三八七

拍發特快電報辦法

（1）通達地點　杭州—上海　杭州—南京　杭州—紹興　杭州—永嘉（日後視機線情形隨時可擴展至其他各處）。

（2）收報處所　試辦期間暫定惠興路營業處收拍。

（3）收報時間　每日上午八時至下午六時止（遇有綫路障礙報務擁擠得隨時公告停收）。

（4）准用文字　以中文英文明密語爲限。

（5）每電收費　（甲）除將該電所含計費字數照加急電收費外每份一律另收特快專送費二千元。（乙）去報如由電局代譯每字收譯費二十五元來報由電局譯就後投送。

（6）業務標識　特快電報應由發報人在收報人姓名住址前標明「特快」或（LTN）作爲納費業務標識

按一字計費至電文字數並限制一百字爲度。

（7）業務限度　（分送）（預付回報費）（跟轉）（改發）（親啓）（郵轉）（露封）（留交）等項特別業務辦法均不適用。

（8）送達時間　自交局之時起至送達收報人之時爲止至遲不得逾三小時惟下列各項時間不計入：（甲）檢查機關檢查電報所費時間；（乙）晚間十二時以後因夜間不能送達收報人延至翌晨六時再行投送之停留時間；（丙）收報人住址不在電局免費投送區域以內其由電局派差專送至收報人住所所需時間；（丁）遇有收報人不在或他往無法投送之時間。

（9）退費辦法　如特快電報之送達遲於本辦法第八條之規定經發報人檢附證件送交本局經查明屬實後即將特快專送費退還電報費退還辦法依照國內電報營業通則之規定辦理。

杭州電器股份有限公司總廠　敬告

本廠電話　鼓樓　1150　總機

日常應用法則

最新兵役法施行法

第一條　本施行法依兵役法第三十四條之規定制定之。

第二條　現定兵以年滿二十歲之青年，經徵兵條格檢查合格、依額於翌年一月一日征集入營，在營受正規之軍事教育，期滿退伍，轉入預備役，其成績優良之特種兵特業兵得滿二年後，步兵得滿一年六個月後提前歸休。

第三條　服常備兵現役屆滿之上等兵，其成績優良者，得予留營一年，授以軍士教育，期滿考試及格者，退伍爲預備軍士。

第四條　常備兵現役入營前，曾受其他軍事訓練者服役時得按照所受教育程度，酌量縮短其服役期間。

第五條　現役在營因病請假未逾六個月者，假滿回營，其已逾六個月者停役，因疾殘廢者免役，體弱者轉國民兵役，已受教育逾六個月者轉補充兵。

第六條　常備兵現役在六個月內，如因事故發生缺額時，得由補充兵甲種國民兵分別遞補之。

第七條　現役兵在服依軍事教育機關受軍官佐或軍

士教育者，其服役依軍事教育機關之所定，在前項教育機關畢業而任官或補充軍士者，其役期依軍官佐或軍士服役之所定，其未予任補或未畢業而離前項教育機關者，仍回原役。

第八條　常備兵役士兵自入伍之日起編立現役軍士籍，現役兵籍，退伍後編立預備役軍士籍，預備役兵籍。

第九條　現役兵服役期滿應予退伍每年十二月三十一日爲正規退伍期，必要時另定補助退伍期。

第十條　現役屆滿遇必要延役時，自現役期滿之日起，仍依規定轉役。

第十一條　凡兵卒在戰時服役三年期滿應予歸休，稱爲戰時歸休，但其記合於規定者，得提前歸休。前項歸休期間因戰時需要得延長，但不得逾一年。第一項記分標準，依服役日期服役成績及其他事項定之。

第十二條　補充兵現役以經征兵檢查合格未征服常備兵現役之男子依額征集之，起役之年受四個月至六個月之軍事教育，期滿轉入預備役，其征集受訓日期由國防部定之。應征服補充兵現役者，在入營前曾受軍事訓練其程度相當於補充兵規定教育時，得免予征集訓練。

第十三條　補充兵役每年應征集訓練之人數，視其需要，由國防部定之。

第十四條　補充兵現役受軍事基本教育，由常備師或師管區團管區集中訓練之，常備師與師管區或團管區駐地一致時，由常備師訓練之，駐地不一致時，由師管區或團管區設補充團或補充隊訓練之。

第十五條　補充兵補入常備兵現役缺額時，其服役依常備兵服役之所定。

第十六條　補充兵在服役期中入軍事教育機關受軍官佐或軍事教育者，其服役依軍事教育機關之所定。

第十七條　補充兵現役於入伍之日起編立補充兵現役兵籍，退伍後及已受相當於補充兵教育免予征集訓練者，列入補充兵預備役兵籍。

第十八條　補充兵應召服戰時勤務中，其戰時歸休與常備兵同。

第十九條　補充兵應召參戰，必要時應受補習教育。

第二十條　常備軍官佐軍士之服役，另以法律定之。預備軍官佐動員應召作戰時，其晉級停年除役，同於現役軍官佐之所定。

第二十一條　受訓期滿之甲種國民兵，編立名簿分存於縣市政府及團管區司令部。

第二十二條　甲種國民兵補入補充兵缺額時，其服役補充兵服之所定。

第二十三條　國民兵訓練實施在縣市由縣市政府主持，在鄉鎮由鄉鎮公所主持之。

第二十四條　服國民兵役期間應受兵役法第二十五條第二款至第五款規定之召集，其召集範圍時間人數年次由國防部定之。

第二十五條　國民兵之動員召集由國民政府命令行之。前項召集按年之儘先召集服甲種國民兵役者。

第二十六條　地方非常事變時得由縣市政府召集國民兵但須呈報上級機關核備。

第二十七條　甲種國民兵訓練所需武器彈藥及教育器材由中央政府發給之，所需經費營房設備被服等列入中央預算。

第二十八條　訓練甲種國民兵之軍官軍士，以在鄉軍人充任之，待遇與陸軍現役同。

第二十九條　國民兵特種軍事教育，由國防部定之。

第三十條　師管區司令指揮所轄團管區掌理所管各該縣市常備兵補充兵之征集，國民兵之組訓，在鄉軍人之管理，動員實施，及其他法令規定有關兵役事項，必要時兼負補充兵訓練之責。

第三十一條　團管區司令指揮所管縣市長執行左列各項兵役業務。

一、役齡男子調查，及現役及齡男子身家調查。

二、免役禁役及緩征緩召之審核。

三、體格檢查及抽籤之實施。

四，常備兵補充兵現役入營之徵集。

五、國民兵之調查組訓召集服役。

六、在鄉軍人之調查管理。

七、動員召集之實行。

八、戰時軍人及其家屬調查優待之實施。

九、有關新兵保育之設施，及其協助事項。

十、其他法令所規定之有關軍事事項。

第三十二條　縣市長督飭鄉鎮長執行前條所列兵役事務。

第三十三條　省縣市爲推行左列事務，得組織兵役協會輔助辦理。

一、及齡男子身家調查。

二、免役禁役緩征召之審核。

三、體格之檢查。

四、抽籤。

五、現役兵入營之征集。

六、國民兵調查組訓。

七、戰時軍人及其家屬調查優待之實施。

八、新兵之保育。

九、法令之宣導。

第三十四條　團管區爲征兵征集單位。縣市爲征兵額配賦單位，鄉城爲征兵調查單位，分別依法受各該隸屬主管官署之指揮監督，辦理征兵處理事項。

第三十五條　國防部每年初根據計劃幷依照核定之征額確定陸海空軍配賦額分付於全國各師管區或團管區遞配於所屬團管區及縣市，並於四月前分配役事。

未設師管區或團管區地方，其應配賦之兵額及兵種由國防部定之。

第三十六條　鄉鎮長於每年四月舉行身家調查時，應將所屬本屆滿二十歲之男子，依據戶籍登記轉錄於現役及齡男子名册，並通知其家長，於六月內辦理完竣，造具名册及統計表呈報縣市政府彙轉團管區司令部備查。

第三十七條　縣市政府應於每年七月起依團管區所派醫官之指導會同兵役協會組織體格檢查委員會，征集所屬公私醫生分組區流動施行檢查，於九月完成，造具名册及統計表呈報團管區司令部備查。

體格檢查時應檢定其體位，詳記其特徵。

第三十八條　體格檢查合格者，照左列之規定依常備兵及補充兵之順序征集之。

一、體格檢查合格人數少於征額時，將合格人數全部征集，必要時降低體位標準，多於征額時，依抽籤定征額順序。

二、依體位等級分配軍種兵種，以高等體位分配於海空軍及特種兵，其體位及格而有特殊技能者，依其性質分配於特業兵。

三、同一體位依志願征集，同一志願及志願者，不能足額時均依體位等級征集，體位志願均同時以抽籤定之。

第三十九條　抽籤以在縣市政府所在地舉行爲原則，但地區遼闊而交通不便者，得分區舉行之。抽籤時團管區代表當地民意機關代表縣市長及所屬鄉鎮長，均應到場，以縣市長或鄉鎮長爲主席，由現役及齡男子親自行之。

第四十條　縣市政府於抽籤完畢時，應將所有抽籤者名號次體位等級及志願人數，造具表册呈報團管區司令部，並將中籤男子由縣市政府列榜公佈。

第四十一條　團管區司令部於接得所屬縣市政府抽籤表册後，應依照所配賦之兵額，將應行征集之兵種，分配各縣市依法徵集。

第四十二條　征集如在寄居他縣市行之者，仍列入本縣市征額。

第四十三條　僑居國外現役及齡男子之征兵處理事務，由行政院委駐外使領館依本法之所定施行，其抽籤手續應斟酌返國途程提早完畢，其回國服役輸送撥補辦法，由國防部擬訂呈請行政核定之。

第四十四條　常備兵現役入營期如因地方情形及季節等關係而須加伸以縮時，以不逾十五日爲限。

第四十五條　依兵役法第四條應免役者於每年體格檢查時報經醫官之鑑訂由縣市政府審定，彙報團管區司令部備核。

第四十六條　依兵役法第五條應禁役者，及第三十四條第三款應緩征者，應由原判决或處理之司法機關通知其原籍縣市政府彙報團管區司令部備查。

第四十七條　依兵役法第二十四條第一款之緩征者，其派公遣機關應將出國人之事由及期限通知原籍縣市政府，並由其本人及家長告原籍鄉鎮所呈報縣市政府轉報團管區司令部備查。

第四十八條　依兵役法第二十四條第二款之緩征者，其家長應於每學期始業時，將其肄業之學校及所在地報告鄉鎮公所層報團管區司令部備查。

高中以上學校於每學期始業時應造具學生名册，送請所在地縣市政府分別通知其原籍縣市政府彙報團管區司令部備查。

第四十九條　依兵役法第二十六條第一款之緩召者，

以國防工業有關之專門技術員工及不可代替人員爲限，其身份鑑定及緩召範圍由國防部會商有關主管機關定之。

第五十條　前條緩召人員應由各該管機關於每年四月至六月依法予初審，並造具名册送請所在地團管區司令部復核後轉行其原籍團管區司令部備查。

第五十一條　縣市政府於每年舉行身家調查時，應督飭所屬鄉鎮公所同時調查具有國防工業專門技術者，將其技能註於戶籍及國民身份證，幷造具表册呈報團管區司令部製成統計表層報國防部備查。

第五十二條　各有關國防工業專門技術機關於動員期間，確因事實需要專門技術員工時報請國防部配撥之。

第五十三條　依兵役法第二十六條第二款之緩召者，應經縣市教育機關造具名册報請上級教育機關審查後，由縣市政府轉報團管區司令部核備。

前項事爲院轄市者，其審查由院轄市教育機關行之。

第五十四條　依兵役法第二十六條第三款之緩召者，應經縣市衞生機關檢驗屬實，出具證明書由縣市政府轉報團管區司令部核備。

第五十五條　依兵役法第二十六條第四款之緩召者，應由縣市政縣於每年身家調查時，確實審核，將其註於戶籍及國民身份證并彙報團管區司令部核備。

第五十六條 依兵役法第二十六條第五款之緩召者，應由原處理之司法機關通知其原籍縣市政府轉報團管區司令部備查。

第五十七條 免役及緩征除由該管鄉鎮公所縣市政府及管轄機關調查審核外，得由及齡男子或其家長於每年體格檢查前向所隸鄉鎮及管轄機關申請審核。

依法應行緩召之人員，於動員召集時，其申請辦法與前項規定同。

第五十八條 禁役免役及緩征者之姓名應由縣市政府於每年體格檢查前在該管鄉鎮公所公告，其有不確者准由人民檢舉，必要時得由團管區司令部派員赴所屬縣市及鄉鎮抽查之。

依法應行緩征人員，於動員召集時，應由縣市政府列榜公佈，其有不確者得由人民檢舉依法懲辦。

第五十九條 團管區司令部依據所屬縣市政府及有關機關學校所報禁役免役及緩征緩召表册復核屬實後，掣給憑證，并造具統計表層報國防部備查。

第六十條 左列人員爲在鄉軍人：

一、常備兵現役期滿內歸休或戰時歸休者。

二、常備兵役補充兵役之士兵現役期滿退爲預備役者。

三、現役中停役之軍官佐。

四、退役之軍官佐。

五、預備軍官佐及軍士。

第六十一條　在鄉軍人以縣市爲單位，按軍種兵種分別官籍軍士籍兵籍調查編組之。

第六十二條　在鄉軍人之管轄如左：

一、中校以下軍官佐及士兵中縣市政府管理之。

二、上校級由所隸團管區管理之。

三、少將級由所隸師管區編組之。

四、中將以上由國防部統一編組之。

第六十三條　凡在鄉軍人受兵役法第二十五條規定之動員、教育、演習、點閱、各種召集、其範圍人數、年次、時間、由國防部定之。

動員之召集由國民政府命令行之。教育、演習、點閱之召集由國防部命令師管區或團管區行之。

關於臨時召集，得由地方軍事最高長官行之，呈報國防部核備。

第六十四條　在鄉軍人得組織在城軍人會，以縣市爲組織單位，其組織通則由國防部定之。

第六十五條　在鄉軍人會對於地方公益，及發生天災意外事件應協助政府辦理之。

第六十六條　海空軍每年各兵科需額，由海空軍總司令部，依照需要擬定名額詳註兵科及體格標準特種要求與陸軍每年兵額，一併由國防部分配於指定之師管區團管區縣市，按征兵程序召集之。

第六十七條　海空軍召集時其輸送入營，由海空軍總司令部辦理之。

第六十八條　海空軍在營服役年限除役年齡，由國防部定之。

第六十九條　海空軍退役後，其在鄉之編組管理與陸軍同。

第七十條　海空軍各種召集範圍，年次、人數、時間及地點、由海空軍總司令部擬訂呈請國防部核定之。

第七十一條　依兵役法第二十九條第一款所定應征召之學生與職工，於退役歸休或復員後持有常備部隊發給之憑證復學復業時，其原校或機關廠場不得拒收，若其原校或機關廠場有變更時，由政府另予計劃轉學或業。

第七十二條　依兵役法第二十九條第二款所定，政府於其應召時詳細調查，如其家庭確係不能維持生活者，應統籌現金或實物，及籌設工廠或教養院等以資救濟。

第七十三條　依兵役法第二十九條第三款所定，其子女得免費入當地之學校及廠場等，施以相當教養，至成年時爲止。

第七十四條　依兵役法第三十條第一款所定之宣誓，其誓詞如左：

余敬謹宣誓捍衛國家，愛護人民，服從命令，嚴守紀律，盡忠職務，保守祕密，如違誓言，願受最嚴厲之處分，此誓。

第七十五條　依兵役法第三十條第三款所定，無論其已否參加政治結社，均應註明於國民身份證，於入營時，應向部隊長呈閱登記，以憑查考。

第七十六條　本施行法自公佈日施行。

杭州市房屋租賃糾紛調解辦法

第一條　本辦法依照杭州市房屋租賃管理規則第十八條之規定訂定之。

第二條　凡市民因租賃關係發生爭議，經該區調解委員會調解無結果者，得聲請杭州市房屋租賃糾紛調解委員會（以下簡稱委員會）調解。

前項聲請書由委員會製訂以備聲請人購用，聲請人應按聲請書內所列各項詳晰敍明，附同有關證，簽名蓋章呈請送委員會核辦，並將聲請書副本應按對相人數製備簽名蓋章，隨同正本一併呈委員會。

第三條　委員會於必要時，得通知該糾紛事件之關係人或證人，到會詢問或令其書面陳述。

第四條　委員會於收受申請書後三日內，將副本送達對造，並爲必要之調查，前項調查期間，除有特殊情形外，不得逾七日。

第五條　委員會應將調解結果作成筆錄，由當事人及調解委員簽名蓋章，作成正本，分別送達各該當事人。

第六條　調解成立後，當事人之一逾不履行時，得申請市政府照業執行，其調解不成立者，得訴請杭縣地方法院辦理。

第七條　調解期內當事人有下列行爲之一者，市政府得隨時制止之，其不服制止者，得分別情形訴請法院依法辦理：

（一）出租人實行封閉房屋，斷絕水電或使用其他方法妨礙承租人居住及安全者。

（二）現住人毀損房屋或其他裝置設備者。

第八條　委員會調解案件，除遵照中央及省頒法令外，並依照杭州市房屋租賃管理規則辦理。

第九條　本辦法由杭州市政府擬訂，呈請浙江省政府備案後公佈施行，並分報浙江高等法院暨杭縣地方法院備查。

修正印花稅法

第一章　總則

第一條　本法規定之各種憑證，均應依本法完納印花稅。

第二條　印花稅由財政部發行印花票徵收之，不得招商包徵或勒派。

第三條　印花稅票由財政部規定式樣監製，並指定機關發行，通用全國。

第四條　左列各種憑證，免納印花稅：

一、政府機關自用之簿據及憑證。

二、政府機關徵收稅捐所發之憑證，及根據徵收稅捐憑證所發之證照。

三、各級政府或自治機關處理公庫金或公款所發之憑證。

四、各級政府所發之公債證券。

五、教育文化或慈善機關合作社所用之帳簿。

七、凡各種憑證之正本已貼用印花稅票者，其副本或抄本。

八、凡公私機關或組織，其內部所用不生對外權利義務關係之單據。

九、催索欠款或核對數目所用之帳單。

十、車票、船票、航空機票其他往來客票及行李票。

十一、依其他法律規定應予免納印花稅者。

十二、本法稅率表內列明免納印花稅者。

第五條　公營事業組織所用之帳籍及憑證，除法律別有規定外，均應依本法完納印花稅。

第二章　納稅

第六條　應納印花稅之憑證，應於書章後，交付或使用前，貼足印花稅票。

商事憑證印花稅，於必要時，得由納稅義務人彙總繳納，其辦法由財政部擬訂，呈請行政院核定之。

第七條　同一憑證必備具二份以上，由雙方或各方關係人，各執一份者，應每份各別貼用印花稅票。

第八條　經關係約定將已失時憑證繼續使用，或以副本或抄本視同正本使用者，仍應另貼印花稅票。

第九條　同一憑證而具有兩種以上性質，其稅率相同者，僅按一沒貼印花稅票，其稅率不同者，按較高之稅率貼用。

應使用高稅率之憑證，而以低稅率之憑證代替者，須按高稅率之憑證，貼用印花稅票。

第十條　已納印花稅票之憑證，因事實變更而修改，原憑證繼續使用，其變更部份，如須加貼印花稅票時，仍應補足之。

第十一條　國外訂立之憑證而在國內使用者，於使用前，仍應依本法貼用印花稅票。

第十二條　貼用印花稅票，應於每枚稅票與原件紙面騎縫處加蓋印圖章，且個人得以畫押代替畫章。

第十三條　印花稅票不得揭下重用。

第十四條　政府機關或學校發給應納印花稅之憑證時，應令領受者貼足印花稅票，並由各該政府機關或學校加蓋圖章。

第十五條　應貼印花稅票憑證，以錢計算應納之稅率者，如所載金額係外國貨幣，應於交付或使用時，按法價折合國幣計算貼用印花稅票，如未載明金額應按原列品名數量，依法價估計應貼印花稅票。

第三章　稅率

第十六條　應納印花稅之憑證及稅率表（略）。

第四章　檢查

第十七條　應納印印統之憑證，應由財政部主管印花稅機關執行檢查。

第十八條　執行檢查之人員應備具檢查證照，執行檢查時，並由當地警察機關派警或會同保甲長協助之。

第十九條　執行檢查，應在營業時間內，並應於被檢查機關公私營業或事業處所內行之，不得攔路或侵入私人住宅。

第二十條　查護違反本法之憑證應報由主管機關移送司法機關審處，不得擅自處罰。

第廿一條　違反本法之憑證，任何人得舉發之。

第五章　罰則

第廿二條　違反本法第六條至第十一條及第十六條之規定，不貼印花稅票或貼用不足額者，應按漏稅額，處四十倍以上六十倍以下罰鍰。

第廿三條　違反本法第十二條之規定者，依第二十二條規定之罰鍰加倍處罰。

第廿四條　妨害第四章規定執行檢查者，依刑法妨害公務罪處斷。

第廿五條　違反本法所定情事在兩種以上者，依第二十二條規定之罰鍰，按件分別裁定，合併處罰之。

第廿六條　司法機關審理案件時，如覺違反本法之憑證，依本法處罰之。

第廿七條　違反本法之憑證，司法機關於處罰後，仍令負責人按應納稅率補納印花稅票人所在不明時，應由憑證使用人或持有人補貼。

第廿八條　本法之罰鍰，由司法機關裁定行之。
對於前項裁定，得於五日內提起抗告，但不得再抗告。
司法機關得酌定期限命受罰人繳納罰鍰，逾期不繳者，強制執行之。

第六章　附則

第廿九條　本法施行細則，由財政部擬訂，呈請行政院核定之。

第三十條　本法自公佈日施行。

特種營業稅法

第一章　總則

第一條　特種營業稅依本法之規定由中央統一征收之。

第二條　特種營業稅以左列營業爲課征範圍。

一、銀行業。

二、信託業。

三、保險業。

四、交易所暨交易所內所發生之營利事業。

五、進口商營利事業。

六、國際性省際性之交通事業。

七、其他有競爭性之國營事業，及中央政府與人民合辦之營業。

第三條　交易所暨交易所內所發生之營利事業，其課征另以法律定之。

第四條　已納出廠稅或出產稅之工廠或出產人，免征特種營業稅。

第五條　征收特種營業稅之營業，不再征普通營業稅。

第二章　稅率

第六條　特種營業稅應按營業性質，分別以營業收入額或收益額爲課征標準。

第七條　特種營業稅稅率如左。

一、以營業收入額爲課征標準者征收百分之一、五。

二、 以營業收益額爲課征標準者，征收百分之四。

三、 第二條第七項製造業之稅率，依本條第一款之規定減半課征之。

第三章　計算

第八條　營業收入額依其各項營業之銷貨額計算之，其不能依銷貨額計算者，以其營業所獲收益，計算其營業收益額。

第九條　特種營業稅按收入額課征者，每二個月查定一次，按收益額課征者，每半年查定一次，按月繳納。

第十條　公司商號除應備具合法賬簿外，凡發生營業行爲，應開立發貨票，載明貨品名稱數量金額，交付買受人，並將發貨票存根連同進貨發及一切票據，一併保存，以供征收機關隨時查核之。

第四章　申報

第十一條　應納特種營業稅之營業人，應於營業開始時，開具左列事項，申請特種營業稅征收機關調查登記，發給特種營業稅調查證。

一、營業種類。

二、公司商號名稱及所在地。

三、分公司或支店所在地。

四、經理人姓名籍貫及住所。

五、營業資本額。

前項調查證，遇申報事項有變更或歇業改

組合併轉頂遷移時，應申請註銷或換發。

第十二條　特種營業稅之征收，由納稅義務人，依照規定時間，按其營業性質，將收入額或益收額，申報主管征收機關調查核稅。

第十三條　應納特種營業稅之公司商號主要賬簿，於開始使用前，應送由主管征收機關登記，並加蓋戳記。

第五章　調查及納稅

第十四條　特種營業稅征收機關接到納稅義務人申報後，應即派員調查。

第十五條　特種營業稅征收機關依據申報事項調查屬實後，應將每月應納稅額查定，並按月通知納稅義務人逕行繳納國庫。

第十六條　特種營業稅征收機關查定稅額填發查定通知書後，納稅義務人如有不服，應於接到通知書十日內，先繳清全部稅款，敍明理由，連同證件，申請覆查，主管征收機關應於接到申請後十五日內，另行派員覆查決定之。

經覆查決定之稅額，主管征收機關應予退稅或補稅。

第十七條　納稅義務人對於前條之覆查決定如有不服，得依法提起訴願，經訴願決定之稅額，主管征收機關應予退稅或補稅。

第六章　罰則

第十八條　公司商號有左列情形之一者，除限期責令補行換領調查證外，並處以五萬元以上十萬元以下之罰鍰。

一、不依規定請領特種營業稅調查證者。

二、原申報事項變更，不申請換發調查證者。

三、特種營業稅調查證遺失或損壞，不申請補發者。

四、歇業改組合併轉頂遷移之營業，不申請註銷特種營業稅調查證者。

五、特種營業稅調查證轉賣讓與或貸與他人者。

逾期仍不遵照前項規定補行辦理者，連犯連罰。

第十九條　公司或商號不依規定設置帳簿，或不將帳簿送請主管征收機關登記蓋戳，及出賣品不開立發票者，除責令補辦外，並處以五萬元以上十萬元以下之罰鍰。

第二十條　公司商號不於規定期限內填報其營業收入額、收益額，或違抗主管征收機關檢查帳簿者，處以十萬元以上二十萬元以下之罰鍰，主管征收機關並得逕行决定具營業收入額或益額及其應納稅額。

第二十一條　特種營業稅主管征收機關所送達之查定納稅通知書或繳款書，納稅義務人如拒絕接收，處以五萬元以上三十萬元以下之罰鍰。

第二十二條　公司或商號意圖逃稅，而僞造帳簿或虛僞填報營業收入額或收益額者，除責令補稅外，處以所漏稅額一倍至十倍之罰鍰。

第二十三條　公司或商號對於應納稅款延宕不繳者，依左列情形，分別處罰。

一、逾限十日以上者，處以所欠稅額十分之二之罰鍰。

二、逾限二十日以上者，處以所欠稅額十分之之罰鍰。

三、逾限三十日以上者，處以所欠稅額十分之六之罰鍰，並得移請當地主管機關先行停止其營業。

第二十四條　本法之罰鍰，由法院以裁定行之。

得對於前項裁定，於五日內抗告，但不得再抗告。

法院得酌定期限，令受罰人繳納罰鍰及滯納稅款，不繳者強制執行。

第二十五條　罰金罰鍰提高標準條例，對本章第十八條至第二十一條不適用之。

第七章　附則

第二十六條　本法施行細則，由財政部擬訂，呈請行政院核定之。

第二十七條　本法自公布日施行。

公用電話營業規則

第一條　交通部電信總局所屬辦理市內電話各電信局設置之公用電話，依本規則之規定使用之。

第二條　公用電話除與當地各電話用戶通話外，並可與開放長途電話各處通話。

第三條　發話人須先向公用電話管理員掛號，並預付一次通話費，經管理員登記並掣給通話證後市內通話由發話人自行叫接通話。如通話超過一次者（另見第六條），自第二次起，應由管理員按次補收話費，並掣給通話證交發話人收執。

第四條　遇有被叫之號碼屢接不通，而發話人不願久候時，得將通話證退還管理員註銷，並收回預付話費。但被叫之電話一經接通，無論受話人是否爲所叫之本人，即須照章付費。

第五條　發話人應將通話證妥爲收執，在通話或話畢時，如遇電信局稽查員索閱，應立即交閱。倘有遺失，必須重付通話費，補購通話證。

第六條　市內通話時間自接通被叫之電話號碼時起，至話畢拆線時止，每五分鐘爲一次，不滿五分鐘亦作一次論。但在話務特忙之處，得由電信局依次呈轉交通部核定每三分鐘爲一次，不滿三分鐘亦作一次論。

連續通話不得超過二次，但在話務清閒，或無人前來掛號通話時，不在此限。

第七條　市內電話發話人每次應繳之市內通話費，由各電信局視各該地情形擬定後，依次呈轉交交通部核定之。

長途電話發話人每次應繳之長途通話費，應照長途電話價目繳付，毋須另繳前項之市內通話費。

第八條　發話人應依通話證掛號先後爲序，不得爭先通話。如係長途電話，應以長途台回叫之次序爲先後。

第九條　已掛號之長途電話在未接通以前，發話人須守候接話，不得離開。如受話電話號碼或受話人叫到時，因發話人離開致未完成通話者，仍應照收銷號費。在預付之通話費內扣除將餘數退還之。

第十條　公用電話管理員如有額外需索，缺乏禮貌等事情，發話人得報告當地電信局查明處罰。

第十一條　發話人對於公用電話機件應謹慎使用。如有損壞，不論故意或過失，公用電話管理員得依據當地電信局訂定之電話機件賠償價目表，向其收取賠償費。

第十二條　利用公用電話傳發長途電話，應依照國內長途電話營業通則之規定辦理。

第十三條　本規則自公佈之日起施行。

長途電話使用法

1 記帳通話掛號方法：

請先向本局辦理長途電話掛號手續，繳納預存話費。欲打長途電話時請先撥〇三號（電信局長途電話記錄台）掛號。

（一）先報自己電話號碼。

（二） 再報所要通話地名（如上海南京等）及對方接話人電話號碼或接話人姓名，需傳呼者，則需報明接話人住址，及通話種類（卽加急或尋常）務請詳細說明，然後卽將聽筒掛上，待長途台將對方電話或接話人叫到後再行通知接話。

2 通話完畢後，請將聽筒掛上。

3 通話時，請廢除客套，以資節省時間。

4 通話時聲音切忌過高，以免聲浪震擾受話人，反致無法辨清。

5 記帳話費，每月終結算一次。於長途話費通知單送達五日內來局繳付。

拍發電報者注意

（1）電文須求簡明

（2）書寫電文字體務請端正

（3）數目字後加注單位

（4）收報人住址請詳細填寫

（5）電報貴乎速迅各用戶夜間如不願收受請先來函通知

（6）查詢電報錯誤或稽延請撥電話一〇二二

（7）收報人請勿滯留報差

杭州電信局

- 特快電報
  1 開放地點：上海，南京，紹興。
  2 交拍及到達時間：限一小時半。
- 電話收取電報
  1 如須拍發「特快」「加急」「尋常」電報請搖2700號，本局當派專人收取，應收各費請遞交給。
- 交際電報
  1 「慶賀」「弔唁」「慰問」「歡迎」「歡送」「答謝」六種。
  2 附贈禮券辦法及詳細章則請詢本局惠興路營業處電話1000號。
- 特快電話
  1 開放地點：上海，紹興，鄞縣，嘉興，蘭谿。
  2 接通時間：限十分鐘內接通。
  3 詳細章則請撥長途查詢台詢問。
- 特種服務電話

——爲君解答下列各項疑問——

01 報時台　報告標準時刻

02 修理台　電話發生障礙通知本台修理

03 記錄台　記錄經發各地長途電話

04 查號台　凡不能在號簿上查得所要之電話號數請撥04查詢

05 服務台　娛樂場所之戲目及時間票價火車輪船汽

車之站名時刻票價及廣播節目均可查詢

06 長途查詢台 有關長途通話之各項查詢

浙江郵政管理局

- 營業要目

一、各類郵件——普遍全球 無遠勿屆

二、航空郵件——既廉且快 限日可到

三、各種儲金——利息優厚 便利穩妥

四、簡易壽險——手續簡便 安家防老

五、各項匯兌——匯費低廉 服務週到

六、各項包裹——收寄簡便 運遞妥速

七、代收貨價——流通商貨 押匯周轉

管理局——杭州城站—— 車之電話一九四〇

營業處 電話一二五八

財務幫辦室 電話一五六二

- 支局：

第一支局官巷口 電話一二五九

第二支局清河坊 電話二一五五

第三支局忠清街 電話二七〇三

第四支局艮山門 電話二三五八

第五支局湖墅

第六支局龍翔橋 電話二四八二

第七支局拱宸橋

- 營業時間
  1. 收寄郵件上午八時至下午八時
     （四五七支局上午八時至下午七時）
  2. 收寄包裹上午八時至下午五時
  3. 儲金匯兌
     管理局上午八時半至十二時下午一時半至四時半
     支局上午八時至十二時下午一時半至五時

附錄

全國人口統計

三十六年七月人口局發表全國人口共四六一〇〇六二八五人，內男二四一四八五五五五人，女二一九、五二〇、七三〇人，男女之比一一〇、〇一比一百計；

	人口	男	女
江蘇省	36,052,011	18,745,652	17,306,359
浙江省	19,942,112	10,595,121	9,348,991
安徽省	21,705,256	11,501,405	10,202,851
江西省	12,725,187	6,585,263	6,139,914
湖北省	21,034,463	11,052,418	9,982,045
湖南省	26,171,137	13,693,880	12,477,237
四川省	47,107,720	24,151,127	22,956,593
西康省	1,651,131	831,554	819,578
河北省	28,529,089	15,375,360	13,143,724
山東省	28,671,999	19,192,467	19,479,432
山西省	15,025,259	8,220,320	6,804,939
河南省	28,473,925	14,632,363	13,840,662
陝西省	9,492,489	4,990,576	4,501,913
甘肅省	6,897,781	3,579,655	3,318,126
青海省	1,346,320	683,820	662,518
福建省	11,100,680	5,744,766	5,355,914
台灣省	6,126,006	3,077,606	3,048,400
廣東省	27,825,512	14,828,510	12,997,002
廣西省	14,603,247	7,627,723	6,975,524
雲南省	9,171,449	4,612,951	4,558,498
貴州省	10,518,765	5,247,129	5,271,636
遼寧省	9,992,387	5,142,613	4,849,774
安東省	3,163,911	1,815,614	1,448,297
遼北省	3,798,056	1,969,042	1,829,014
吉林省	6,981,277	3,887,574	3,193,703
松江省	4,535,092	2,561,014	1,974,078
合江省	1,936,000	1,009,500	926,500
黑龍江	2,563,234	1,440,754	1,112,480

	人口	男	女
嫩江省	2,407,438	1,387,506	1,019,932
興安省	327,563	184,026	143,537
熱河省	6,109,866	3,217,450	2,892,411
察哈爾	2,114,288	1,152,984	961,304
綏遠省	2,166,513	1,212,119	984,394
寧夏省	773,324	422,637	35,688
新疆省	4,012,330	2,118,705	1,893,625
西藏省	1,000,000	650,000	350,000
南京市	1,037,656	609,391	428,265
上海市	3,853,511	2,162,119	1,691,392
北平市	1,602,234	925,249	676,985
天津市	1,679,210	970,591	708,619
青島市	752,800	423,438	329,362
重慶市	1,000,101	579,354	420,717
大連市	543,690	358,736	184,954
哈爾濱	760,000	481,917	278,083
漢口市	749,952	397,886	352,066
廣州市	1,276,429	671,157	605,272
瀋陽市	1,175,620	645,007	530,173
西安市	523,183	319,074	204,109

全國土地面積統計

三十六年內政部方域司編

省市名	土地面積方公里	人口密度	材料時期
總　計	9,995,191.56	47	二三年至三五年一月
江蘇省	108,925.75	335	二五年數
浙江省	102,236.75	207	二六年至三三年數
安徽省	140,686.75	156	二五年至三二年數
江西省	172,494.00	78	二八年五月至三三年一二月數
湖北省	186,353.60	115	二七年至三三年一二月數
湖南省	205,590.00	137	二八年至三三年三月數
四川省	375,540.50	127	三三年一二月數
西康省	427,067.75	4	三三年五月數
河北省	140,257.75	204	二四年數
山東省	144,563.00	265	二四年數
山西省	155,420.00	74	二三年數
河南省	167,172.25	190	二六年至二八年數
陝西省	188,861.00	52	二五年至三三年一二月數
甘肅省	391,506.25	17	三三年三月數

省市名	土地面積方公里	人口密度	材料時期
青海省	697,194.00	2	三三年一二月數
福建省	118,738.75	97	二八年至三三年一二月數
廣東省	221,307.25	143	二四年八月至三二年一二月數
廣西省	221,321.25	69	三二年六月數
雲南省	420,465.50	22	三四年一二月數
貴州省	176,480.50	60	三四年九月數
舊遼寧省	321,822.75	178	係根據僞滿民國二九年一〇月一日調查數
舊吉林省	283,379.50	62	
舊黑龍江省	449,622.75	15	
熱河省	192,430.00	30	
察哈爾省	278,957.25	7	二五年數
綏遠省	347,629.00	7	二五年至三三年一二月數
寧夏省	274,909.50	3	三三年一二月數
新疆省	828,417.50	2	三一年一二月數
台灣省	35,973.56	169	三一年日本調查數
南京市	465.75	11,403	三五年一月數
上海市	893.25	4,173	三五年數
北平市	707.00	2,193	二五年數
青島市	749.00	79	二六年數
天津市	54.50	22,139	二五年數
重慶市	300.00	4,230	二四年一二月數
西藏地方	1,215,787.75	3	一七年估計數

世界各國元首

亞洲

中華民國	國民主席蔣中正	暹羅	總理法諾米恩
日本	日皇「裕仁」	阿富汗	國王柴西爾夏
伊朗	國王里納康里巴維	阿剌伯	國王伊班蘇特
土耳其	大總統伊納魯	不丹	國王若米黃朱
尼爾	國王脫里浦巴那	伊拉克	國王費素一世
敍利亞	國王費賽爾	菲律賓	大總統羅哈斯
黎巴嫩	總統艾爾克霍爾	印度	內閣總理尼赫魯
外蒙古	國府主席蔡巴山	越南	總統胡志明
印尼	總統蘇卡納		

歐洲

英吉利	國王喬治六世	法蘭西	總統阿里奧爾
蘇聯	主席史丹林	義大利	總理加斯巴萊
波蘭	大總統貝魯特	西班牙	元首佛朗哥
葡萄牙	大總統卡蒙萊	荷蘭	女王威廉明娜
比利時	國王利奧波德三世	盧森堡	女王小公夏羅特
捷克斯拉夫	總統貝奈斯	匈牙利	攝政霍爾第
羅馬尼亞	總理安多民斯哥	保加利亞	國王西麥昂二世
南斯拉夫	元首狄托	希臘	國王喬治二世
芬蘭	大總統加里沃	瑞典	國王格斯塔夫五世
挪威	國王哈康七世	丹麥	國王克里斯坦十世
冰島共和國	總統邊爾遜	愛沙尼亞	大總統巴茲
拉脫維亞	大總統烏蘭尼亞	瑞士	元首鮑曼
立陶宛	大總統斯默多那	阿爾巴尼亞	國王曹格一世
愛爾蘭自由邦	元首道格斯勒海勒		

大洋洲

澳大利亞	總統費丹	新西里	總理薩凡琪

非洲

埃及	國王法魯克	利比里亞	大總統塔布曼
阿比西尼亞	國王塞拉西	赤道國	大總統坡若
南非聯邦	總理史末資		

北美洲

美利堅	大總統杜魯門	墨西哥	大總統克瑪卓
加拿大	總理金氏	危地馬拉	大總統烏皮哥
洪都拉斯	大總統安丁納	薩爾瓦多	大總統馬丁奈茲
尼加拉瓜	大總統梭摩柴	哥斯達黎加	大總統包爾里茲
巴拿馬	大總統阿洛四門那	古巴	大總統顧陀勃魯
海地	大總統		

南美洲

巴西	大總統伐爾加斯	阿根廷	大總統加斯
祕魯	大總統皮那里維斯	智利	大總統阿里山得里
委內瑞拉	大總統康脫莫拉斯	烏拉圭	大總統法拉
巴拉圭	大總統法蘭科	玻利維亞	大總統化洛
哥倫比亞	大總統不茲	厄瓜多爾	大總統德爾委渥

鼎革後歷任元首一覧

姓名	籍貫	任期	職銜
孫文	廣東中山	民國元年一月至二月	臨時大總統
袁世凱	河南項城	民國元年二月至二年六月	臨時大總統
袁世凱	河南項城	民國二年六月至五年六月	正式大總統
黎元洪	湖北黃陂	民國五年六月至六年七月	正式大總統
馮國璋	湖北河間	民國六年七月至七年十月	正式大總統
徐世昌	江蘇東海	民國七年十月至十一年六月	正式大總統
黎元洪	湖北黃陂	民國十一年六月至十二年六月	正式大總統
曹琨	河北保定	民國十二年十月至十三年十月	正式大總統（賄選）
段祺瑞	安徽合肥	民國十三年十一月至十五年十一月	臨時執政
胡漢民	廣中番禺	民國十六年四月至十七年十月	國民政府主席
蔣中正	浙江奉化	民國十七年十月至二十年十二月	國民政府主席
林森	福建閩候	民國二十年至三十二年八月	國民政府主席
蔣中正	浙江奉化	民國三十二年十月十日就職	國民政府主席

百年來科學年表

一八七二　英挑釁號首駛南極圈。法國製造人造牛酪。

一八七三　萊明呑造第一架打字機，冰箱開始使用。

一八七四　測量大西洋海底電線敷設工程，DDT 製成。

一八七六　貝勒氏發明電話，艾迪生首製留聲機。

一八七七　首次發現太陽周圍有養氣。初用電桿。

一八七八　艾狄生首創電燈。計算機出規。

一八七九　本茲首製二行程引擎，陰極光線發現。

勞克氏首次發明金屬變換成功——將銅變成鈣。

一八八〇　巴斯德提出血清理論。

一八八一　開爾文算出原子之大小。

一八八二　科契發現結核桿菌。

一八八三　首創人造橡皮，英國首製人造絲。

一八八四　鑄字機發明成功，無煙大藥製成，瓦特曼自來水筆出世。

一八八五　彩色照相成功。

一八八六　赫次造成無綫電波。交流電方法成功。

一八八七　泰勒沙發明分相感應電動機。

一八八八　輕便電影機出售。登婁普汽車輪胎註册。

一八九〇　法國製造四汽缸汽車引擎。

一八九一　倫敦至巴黎架設電話線。

一八九三　福特第一輛汽車製成。艾狄生發明電影機。

一八九四　電克發明平底潛艇，氬氦二氣發現。

一八九五　欒琴發現愛克斯光，首製第茲爾柴油機，由空氣中提出氧氣。

一八九六　馬可尼在英法兩地無線電通信成功，寇提斯蒸汽輪成功。
一八九七　湯牧孫發現電子。
一八九八　人造照相紙製成。
一八九九　以照相發現土皇二衞星。
一九〇〇　第一架徐柏林飛船每時飛十七・八英里成功。
孟買提出爆炸物之奇異影嚮，火箭卽依據此理研究成功。
一九〇一　副賢素（興奮及止血劑）提成，生物突變理論提出，蛋白質研究開始。
一九〇二　無綫電發報連續電波成功。
一九〇三　萊特兄弟在奇特霍克飛行成功，宇宙綫發現。
一九〇四　無綫電波檢波燈泡發明，爲眞空泡前驅。
一九〇五　艾因斯坦提出相對論。
斯拍雷氏迴轉式羅盤及穩定儀成功。
一九〇六　麻省布朗羅克城首次使用廣播。
一九〇八　新科卡因麻醉劑發明。
一九〇九　皮雷發現北極。
一九一〇　飛機首次收取無綫電報。
一九一一　美國航空信開始，羅格氏由紐約以八十二小時橫渡美國，阿蒙德孫發現南極。
一九一二　威爾遜以雲室法用原子粒檢查試驗。
一九一三　元素之同位素發現。
一九一四　高用無線電在舊金山與夏威夷間成立。

一九一五　福克發明由飛機螺旋槳射擊機關槍方法。

一九一六　柯里支發明愛克斯光管。不銹鋼發明。

一九一七　莫斯發明飛機引擎的增壓器。

一九一八　斯拍雷發明旋翼機。

一九一九　阿勒科克與布朗二人首作大西洋不停飛行。飛機上首用降落傘。

一九二〇　總拉西爾瓦首製自動迴轉儀，無線電廣播語言音樂用於競選。

一九二一　米契勒生使用光學干涉儀測定星球直徑。

一九二二　利用電報傳眞法，由紐約經大西洋海底電線拍送照相至倫敦。

一九二三　首由Bufadieiyr 提出人造橡皮，由紐約至聖第亞哥橫渡美國不停飛行成功。

一九二四　美航空隊首次環行地球飛行成功（26.235英里，363 小時）。

一九二五　華盛頓城無線電傳眞實驗成功。

一九二六　普羅莫星（較奎寧强）製造成功，貝爾德飛過北極。

一九二七　林白個人飛渡大西洋，米契勒生算出光速度每秒一八六、二八四英里。

一九二八　盤尼西林（青黴素）發明成功，無線電信標導飛成功，蓋格，穆勒電子計成功。

一九二九　貝爾德首次飛過南極，徐柏林全球飛行。

一九三〇　尼隆及精煉辛院汽油製成，冥星發現。

一九三一　表示地球曲度照片成功，雷達使用成功，迴旋器發明成功。

一九三二　中子及正子發現。

一九三四　居理及約里阿造成人造放射作用。

一九三五　硝鹽片治療成功，世界最高氣球七二、九三四尺成功。

一九三六　複雜電話機使用時收聽各種翻譯首用於華盛頓列强會議。

一九三七　惠特利第一架噴氣推進式飛機成功。

一九三八　鈾原子分裂成功，瑪麗皇后號以三日二十時四十分橫渡大西洋首創紀錄。

一九三九　斜面螺旋槳軍用機P-36 上控制成功DDT 拯救瑞士馬鈴薯收穫。

一九四〇　西科斯基直升飛機成功，多無向線電信標導飛行成功，美主力艦紐約號首裝雷達。

一九四一　珍珠港事件後使用電子顯微鏡調查金屬破片成功。

一九四二　支加哥原子彈製造開始，美首用噴氣式飛機，一九四二年中以後海上雷達測知敵半數以上之潛艇活動。

一九四三　橡樹嶺及翰福特原子彈工廠開始工作，盟方用跳躍轟炸技術成功。

一九四四　納粹首用具翼飛彈（V-1）攻英，後復用火箭（V-2）。

一九四五　八月六日原子彈投下廣島長崎。光大於太陽八萬倍之鷹星發現。

一九四六　比基尼原子彈試驗，雷達送至月球往返成功，人造雪在麻省實驗成功。

各國國慶日

一月廿六日	澳洲	二月十一日	埃及
四月廿五日	希臘	五月二日	伊拉克
五月十四日	巴拉圭	五月十七日	挪威
五月二十日	古巴	五月廿五日	阿根廷
五月廿七日	阿富汗	六月十二日	英國
六月十六日	瑞典	七月一日	加拿大
七月四日	美國	七月四日	菲列賓
七月五日	委內瑞拉	七月十四日	法國
七月廿一日	比利時	七月廿八日	祕魯
八月一日	瑞士	八月六日	玻里維亞
八月廿五日	烏拉圭	八月卅一日	荷蘭
九月七日	巴西	九月十日	哥斯達黎加
九月十五廿	宏都拉斯	九月十五日	瓜地馬拉
九月十五日	尼加拉瓜	九月十五日	塞爾伐多
九月十六日	墨西哥	九月十八日	智利
九月廿六日	丹麥	十月五日	葡萄牙
十月十日	中國	十月廿六日	伊朗
十月廿八日	捷克	十月廿九日	土耳其
十一月三日	巴拿馬	十一月七日	蘇聯
十二月六日	芬蘭		

年齡換算表

司法院祕書處公報室刊布

出世時陰曆月份	換算時陽曆月份											
	一月	二月	三月	四月	五月	六月	七月	八月	九月	十月	十一月	十二月
正月	十一月	一年	一年 一個月	一年 二個月	一年 三個月	一年 四個月	一年 五個月	一年 六個月	一年 七個月	一年 八個月	一年 九個月	一年 十個月
二月	十個月	十一月	一年	一年 一個月	一年 二個月	一年 三個月	一年 四個月	一年 五個月	一年 六個月	一年 七個月	一年 八個月	一年 九個月
三月	九個月	十個月	十一月	一年	一年 一個月	一年 二個月	一年 三個月	一年 四個月	一年 五個月	一年 六個月	一年 七個月	一年 八個月
四月	八個月	九個月	十個月	十一月	一年	一年 一個月	一年 二個月	一年 三個月	一年 四個月	一年 五個月	一年 六個月	一年 七個月
五月	七個月	八個月	九個月	十個月	十一月	一年	一年 一個月	一年 二個月	一年 三個月	一年 四個月	一年 五個月	一年 六個月
六月	六個月	七個月	八個月	九個月	十個月	十一月	一年	一年 一個月	一年 二個月	一年 三個月	一年 四個月	一年 五個月
七月	五個月	六個月	七個月	八個月	九個月	十個月	十一月	一年	一年 一個月	一年 二個月	一年 三個月	一年 四個月
八月	四個月	五個月	六個月	七個月	八個月	九個月	十個月	十一月	一年	一年 一個月	一年 二個月	一年 三個月
九月	三個月	四個月	五個月	六個月	七個月	八個月	九個月	十個月	十一月	一年	一年 一個月	一年 二個月
十月	二個月	三個月	四個月	五個月	六個月	七個月	八個月	九個月	十個月	十一月	一年	一年 一個月
十一月	一個月	二個月	三個月	四個月	五個月	六個月	七個月	八個月	九個月	十個月	十一月	一年
十二月	○	一個月	二個月	三個月	四個月	五個月	六個月	七個月	八個月	九個月	十個月	十一月

此表之用法，可先將陰曆年歲減去兩歲，然後增入出世時陰曆月份之直行，與歲時陽曆月份之橫行交叉處，所指明之年月，例如有一人其陰曆年齡係二十歲，生日係在陰曆十二月，換成確實年歲之法，是先減去兩歲「卽十八歲」，如換算時係陽曆十月，則應加之月是陰曆十二月之直行，與陽曆十月之橫行交叉處的月數「卽九個月」，故此人之確實年歲爲十八歲另九個月，實未能認爲成年也，或有不知其出生日月者，亦有知其出生之月而不知出生之日者，故在法律上卽生問題，故民法總則中已有規定凡出生之日月無從確定時，推定其

爲七月一日出生，知其出生之月而不知出生之日者，推定爲該月十五日出生。

度量衡折合表

（市用制折合標準制及舊制）

項別 制別	市用制	標準制	舊營造庫平制
長度	1 市尺	0.333 公尺	1.0417 營造尺
	1 市里	0.5 公里	0.8681 營造里
面積及地積	1 平方市尺	0.111 平方公尺	1.0851 平方營造尺
	1 平方市里	0.25 平方公里	0.7535 平方營造里
	1 市畝	6.6667 公畝	1.0851 營造畝
體積及容量	1 立方市尺	0.0370 立方公尺	1.1303 立方營造尺
	1 市撮	1 公撮	0.0966 營造勺
	1 市升	1 公升	0.9657 營造升
重兩	1 市兩	0.3125 公兩	0.8378 庫平兩
	1 市斤	0.5 公斤	0.8378 庫平斤
	1 市擔	0.5 公擔	83.7779 庫斤

中外度量衡基本單數折合簡表

甲、長度

（舊制及外國基本單位名稱）	（標準制）	（市用制）
舊營造庫平制：尺	0.32 公尺	0.96 市尺
英制：依亞（碼）	0.914399 公尺	2.743187 市尺
美制：依亞（碼）	0.914402 公尺	2.743205 市尺
俄制：阿爾申	0.712 公尺	2.1336 市尺
日制：尺	0.303030 公尺	0.90901 市尺

乙、容量

（舊制及外國基本單位名稱）	（標準制）	（市用制）
舊營造庫平制：升	1.0354688 公升	1.0354688 市升
英制：加侖	4.545963 公升	4.545963 市升
美制：蒲式耳（乾量）	35.2383 公升	35.2383 公升
美制：加侖（液量）	3.785332 公升	3.785332 市升
俄制：赤特維里克（乾量）	26.238567 公升	26.238567 市升
俄制：維得羅（液量）	12.299329 公升	12.299329 市升
日制：升	1.803907 公升	1.803907 市升

丙、重量

（舊制及外國基本單位名稱）	（標準制）	（市用制）
舊營造庫平制：斤	0.596816 公斤	1.193632 市斤
英制：磅（常權）	0.453592 公斤	0.907185 市斤
美制：磅（常權）	0.453592 公斤	0.907185 市斤
俄制：分特	0.409512 公斤	0.819024 市斤
日制：貫	3.750000 公斤	7.5000 市斤

英美貨幣

英幣譯名「索佛令」，略稱「鎊」，一鎊等於二十「先令」略稱「先」。一先令等於十二「辨士」略稱「片」。

美幣譯名「大賚」，略稱「弗」，一弗等於一百「生脫」略稱「仙」。

紀念節日表

一月一日	中華民國開國紀念日	（第一個星期六）七月六日	合作節
一月十一日	司法節	七月七日	抗戰紀念日
立春日	農民節	七月九日	北伐誓師紀念日
二月十六日	戲劇節	七月九日	陸軍節
二月十九日	新生活運動紀念月	八月八日	父親節
三月五日	童軍節	八月十三日	上海虹橋事變紀念日
三月八日	國際婦女節	八月十四日	空軍節
三月十二日	國父逝世紀念日	八月十五日	日本宣布接受波茨坦宣言紀念日
三月十二日	植樹節	八月二十日	廖仲愷先生殉國紀念日
三月十七日	國醫節	八月二十七日	孔子誕辰紀念日
三月十八日	北平民衆革命紀念	八月二十七日	教師節
三月二十五日	美術節	九月一日	記者節
三月二十九日	革命先烈紀念日	九月三日	勝利紀念日
三月二十九日	青年節	九月九日	國父首次起義紀念日
四月四日	兒童節	九月九日	體育節
四月五日	音樂節	九月二十一日	朱執信先生殉國紀念日
清明日	民族掃墓節	十月四日	世界動物節
五月一日	國際勞動節	十月十日	國慶紀念日
五月四日	學生愛國運動紀念日	十月十一日	國父倫敦蒙難紀念日
五月四日	文藝節	十月卅一日	黃克强先生逝世紀念日
五月五日	國父就任非常大總統紀念日	十一月二日	醫師節
五月十一日	護士節	十一月十二日	國父誕辰紀念日
（第二個星期日）五月十二日	國際母親節	十一月十六日	報功節
五月十八日	陳英士先生殉國紀念日	十一月十七日	世界學生日
六月一日	國父奉安紀念日	十二月十五日	肇和兵艦舉義紀念日
六月三日	禁烟節	十二月二十五日	雲南起義紀念日
端午節	詩人節	十二月二十五日	民族復興節
六月六日	工程師節		
六月十四日	聯合國日		
六月十六日	國父廣州蒙難紀念日		

我國貨幣沿革

純粹作爲交易媒介物的最早的古錢，稱爲「古布」，形狀像一柄鏟子，因此也稱「鏟布」，開始鑄造的時代，以周朝初年爲可靠。

周初流行的錢幣有布，桌，圜法和刀四種。我們見到的圓形中有方孔的制錢，屬卽爲圜法。

姜太公在周初發行圜法，上刊「寶貨」兩字，後世仿照，所以中國歷代的制錢，上面都刻有「寶」字。

至於我國的紙幣，行使已久，宋代交子，會子，金國的交鈔，元朝的絲鈔，明代的寶鈔，都屬鈔票性質。

海外的傳說，則認爲世界上第一個以鈔票作爲貨幣的國君是奧地利的國王佛蘭西斯。約瑟夫。當他最初下令民間使用鈔票時，人民彷彿以爲到了世界末日，他們見慣金銀珠寶，看不中那種紙幣。所以由奧國政府下令，頒佈一條嚴厲的法律：製造僞鈔者，一律處死。鈔票方才得以流用民間。

我國的銀幣，起先祇有外幣流入，以西班牙銀元最早，約在十六世紀中葉已由西班牙人從菲律賓帶至我國。

繼西班牙銀幣之後，墨西哥的「鷹洋」，在一八五四年開始流入我國，各地風行。

我國自鑄銀幣，始自光緒十三年（西曆一八八七年），名曰龍洋，最先交由廣東省試鑄。

銅元在中國，歷史並不甚久，直到甲午戰後，始由清政府大量鑄造，銅元一出，制錢遂爲淘汰。

清代所鑄銅元，約有百數十種，民國以後，各省各地所造銅幣，合計也有百種之多。

抗戰時間，以物資缺乏。不得不採用一紙一版方法，致流行市面的鈔票種類繁多，名稱不一。印刷不精，紙張欠佳，輾轉授受，便成敗絮。今日抗戰已告勝利，亟應設法使其簡化劃一。希望能够儘量收回劣質的紙幣，代以美觀悅目，五彩鮮豔的新鈔票。

我國交通小史

輪船：創始於民國前四十年（同治十一年），成立招商局，第一艘船名「伊頓」，係購自外商舊輪。

火車：創設於民國前十七年（光緒元年），第一條鐵路爲淞滬路。

郵政：創始於民國前三十四年（光緒四年），最初設爲天津、北平、烟台、營口、上海五局。

電報：創始於民國前三年（光緒三十一年）第一條綫爲天津大沽綫。

電話：創始於民國前三十一年（光緒七年），英國倫敦東洋電話公司，在上海取得十八年間敷設權。自辦者，第一處爲天津官電局。

無綫電報：創設於民國前七年（光緒三十一年），最初爲陸軍部所設之天津、保定、南苑三電台。

民用航空：始於民國八年，與英國費克公司，成立一百八十萬磅之飛機借款，第一次飛行之綫，爲十年七月廿五日北平濟南段。

報紙的起源

當十五世紀的時代，世界上的文明還是暗淡的，歐洲各大強國還是野蠻的，那時雖然已經有了文學，但還沒有印刷，並且記載的東西也是很偏性的，差不多的，都不知什麼東西是文藝。

那時歐洲最興旺的都市是羅馬，在一千四百九十三年的時候，羅馬有一個大富翁，忽從西班牙國中，雇得一能印刷的人，這富翁很喜歡這印刷的玩意，常常叫手下的僕人幫助他印出許多字畫來，分給他的親友，並覺得要大規模的玩一套才有趣：因此，每天印一些當地的新鮮事情在上面，每一條熱鬧的街上去分送，以爲很好有趣。

有一次，這富翁想試試這送去的是否有人看，於是命他的僕人停送一天，第二天送去的時候，果然有許多人詢問着爲甚麼一天沒有，從此這富翁更有了興趣，分送的工作亦更勤了起來。

從此富人手下的僕人，每到若干時日送這類印刷物去的時候，向每一家索一些錢，因爲已經成功了看的習慣，大家也就費了一些錢給那送的人。

此後不久那富人死了，他的老婆繼續他的事業，一共幾十年，耗費了他家不少的財產，但是却形成了今日環球皆是的報紙了。

實際上在十五世紀前，已經有過刊載消息的抄報，但都是官家的，至民間報紙起源，那是羅馬古城呢！

雜誌的起源

到今天爲止，雜誌的年齡還不過一百多歲。一八〇二年，英人約佛萊（F. Jeffrey）和他的一位朋友斯密士，兩人爲了好奇心理的驅使，創辦了一個愛丁堡評論。出刊之後，便驚動了好多英國的作家，更吸引了無數的青年學生。不久之後，不但重要的時論，散文，在她上面發表，卽小說與詩歌，也是她極愛刊登的稿件。尤其裏面短小精悍的隨筆和絮語，更爲一般讀者所歡迎。同時，當日英國文壇上，對文學有新舊兩派的批評，也借她爲戰場，相互辯論，相互攻訐，無形中這種有聲有色的雙方熱烈攻擊，便抬高了她的聲價，所以她對當時的影響很大。尤其斯密士的諷刺幽默精美的文筆，更風靡了當代。後來一般人，講到十九世紀英國的文學批評，或散文的時候，誰也不能忽略了，這個最先出世的愛丁堡評論。她不但是近代評論與雜誌的起源，同時她在英國文學史上，還佔有着一個極重要的地位。

郵票的歲數

郵票活到現在，已經有一百零六歲了。

原來郵票誕生於一八四零年五月六日，那第一枚郵票正式在英國倫敦發售。在這之前是沒有郵票的，郵差要在送信時收取郵資，不但十分麻煩，並且有時還有人不肯付費呢。

原始的郵票只有兩種，一種黑色值一辨士，一種藍色值二辨士，票邊上是光的，並沒有齒；中間印着女皇維多利亞底頭。

我國的郵票誕生在一八七八年，也有了六十七歲。

什麼地方最冷？

（都市名）	（一年中最低的溫度）
（一）蘇聯首都莫斯科	零下三七、四
（二）我國東北名都長春	零下三六、〇
（三）我國東北名都瀋陽	零下三二、九
（四）蘇聯西伯利亞門戶海參威	零下三〇、三
（五）加拿大第二大都會多倫多	零下三〇、四
（六）美國第二大都會芝加哥	零下二七、八
（七）德國首都柏林	零下二六、〇
（八）美國大都會紐約	零下二五、六
（九）美國首都華盛頓	零下二五、〇
（十）蘇聯第三大都會敖得薩	零下二二、五

各國的禮貌

美國：握手

中國：鞠躬

法國：相抱

愛斯基摩：以鼻親鼻

南半島：指鼻

緬甸：背手親鼻

非洲：拉雙手

土耳其：吻肩

菲律賓：抱頭互舉右脚

日本：女人跪拜

顏色可療疾病

顏色可以幫助治療各種特別的病狀，範圍很廣。（一）頑固的皮膚病，用淡綠色接近身體。（二）肝臟病，用湖綠色治療。（三）新陳代謝起障礙時。用檸檬黃色治療。（四）失眠症用桔黃色去醫治。（五）口味不佳用土黃色去醫治。（六）對神經衰弱和容易疲勞的人，適藍色光綫使他恢復健康。

各國的特點與想像

日本——白髮年尊的富士山。

暹羅——騎在巨象背上優閒自得的黃衣小和尚。

馬來——躑躅在椰林叢中的黑人。

印度——寶塔、寺院和成千男女在沐浴的恆河。

西伯利亞——一片廣漠無垠的苔原。

阿拉伯——沙漠上成羣的駝影。

澳洲——柔和的袋鼠。

希臘——矗立在山頂令人神往的宙斯廟。

意大利——月光、橘樹、曼陀鈴曲和古羅馬的紀念碑。

荷蘭——和水在戰鬥的風車。

西班牙——彈月琴敲夾板的老人。

挪威——魚腥氣的海岸。

德意志——萊茵河畔的廢堡。

法蘭西——濃郁的香櫟和綠葉叢下吟唱的姑娘。

奥大利——坭灰色多瑙河畔古鎮的夕陽。

吉利——倫敦濃重的霧和漫天黑烟。

瑞士——明媚的河光山色。

俄羅斯——集體農場的壯觀。

埃及——尼羅河面的金字塔影。

美國——摩天的大廈和烟囱，或者是神祕的原子彈。

古巴、海地——默默的西印度老人。

巴拿馬——深藍的運河和兩岸濃密的棕櫚樹。

挨斯蘭——光耀的冰河。

格陵蘭——毛茸茸的愛斯基摩人和白熊。

編輯後記

一、本書係適應杭州市民需要，蒐集各種名貴資料，社會現況調查，實用常識等，彙編一冊，極便翻檢。

一、「社團機關現狀」一欄，均係根據各界最近調查所得，惟環境多變，每有臨時更易情事發生，故本書內一切未詳之處，當待再版時補正之。

一、「各界主管小史」刊載容有未週，且少數主管或僅載小史而未刊玉照，或已接到玉照而未及製版列入，殊深歉仄，務請原諒！

一、各項法則應用甚廣泛，附錄中各種小常識，亦市民應共知者，特附集於此，以供參考。

一、本書以限於篇幅，迫於時間，匆促付印，殊多未善，更有疏漏之處，尤祈閱者諒之！

杭州市銀行一覽表（一）

中央銀行	經理　張忍甫
	電話：一八六六　一六六〇　一八六七
	地址：中正街
中國銀行	經理　金潤泉
	電話：一五一三　一五一二　一〇三九
	地址：中山中路
交通銀行	經理　馮薰
	電話：一七一七　二二九二　二九二一
	地址：中山中路
中國農民銀行	經理　關龍蓀
	電話：二二九〇　一〇三七
	地址：中山中路
中央信託局	經理　趙聚鈺
	電話：一二八二　一二八三
	地址：中正街
郵政儲金匯業局	經理　汪秋庭
	電話：一三七三　一三八二
	地址：清泰路

杭州市銀行一覽表（二）

浙江省銀行	總經理　童蒙正
	電話：一三一三　一三一二
	地址：中山中路
四明銀行	經理　何創夏
	電話：一四四五　一九九八
	地址：開元路
中國實業銀行	經理　雷平一
	電話：一三七七　一三七六
	地址：中山中路
浙江儲豐銀行	總經理　張旭人
	電話：二四六一　二四六〇
	地址：中山中路
中國農工銀行	經理　劉石心
	電話：二四七六　一八九二
	地址：中山中路
兩浙商業銀行	總經理　孫月樓
	電話：二二八七　二二八六
	地址：中山中路

浙江興業銀行	經理　呂望仙
	電話：一三〇二　一三〇一
	地址：中山中路
浙江實業銀行	經理　金文雄
	電話；一八四三　一〇三四
	地址；中山中路
大陸銀行	經理　王逸之
	電話：一〇〇三　一五〇五
	地址：中山中路
中南銀行	經理　余子封
	電話：一三七〇　一三六七
	地址：中正街
上海綢業銀行	經理　高君藩
	電話：一三二六
	地址：中山中路
浙江建業銀行	經理　周仰松
	電話：二六〇一
	地址：祠堂巷三號
浙江典業銀行	總經理　龐贊臣
	電話：一九七八
	地址：中正街
浙江商業儲蓄銀行	總經理　洪楨良
	電話：一七一三
	地址：清泰路
中國通商銀行	經理　袁子幹
	電話：一八九〇
	地址：中山中路
杭縣縣銀行	經理　勞鑑劬
	電話：一八六一　一九八一
	地址：清泰路

杭市錢莊一覽

德昌復錢莊	中山中路四七〇號	電話一九三九號
崙元錢莊	慶春街五六四號	電話二三八一號
同昌錢莊	信餘里二二號	電話二五七三號
元泰錢莊	木場巷二九號	電話一六六三號
同益錢莊	中山中路一二六號	電話二〇二二號
恆盛錢莊	中山北路一六號	電話一四二七號
同泰錢莊	竹齋街三三號	電話二七七五號
義源錢莊	中山中路七六九號	電話二五八一號

盈豐錢莊	中山中路一一二號 （前清河坊大街）	電話一七四二號 電報掛號三七四二號
源昌錦記錢莊	民權路一七號	電話一七三七號
誠昌錢莊	上珠寶巷二五號	電話二五五四號
壽康錢莊	（原名愼康錢莊） 中山中路五六九號	電話二〇八二號
亦昌錢莊	東太平巷一一號	電話一〇六四號
益昌錢莊	廣興巷一一號	電話二二七九號
義昌祥記錢莊	中山中路二一〇號	電話二〇四二號
順昌錢莊	竹齋街六五號	電話二三四四號
泰生錢莊	盔頭巷三八號	電話一五四三號
崇源錢莊	上后市街居仁里一號	電話二一八三號
咸安錢莊	竹齋街三〇號	電話一九七六號
益源錢莊	竹齋街六四號	電話二六七四號
太和錢莊	（原名杭州瑞康錢莊） 和合橋二四號	電話一〇七八號
穗源錢莊	清泰街五一六號	電話一六〇三號
同德順記錢莊	中山中路五六八號	電話一九二二號
介康安記錢莊	中山中路四七七號	電話二〇四三號
同愼昌記錢莊	上珠寶巷二二號	電話二四九一號
開泰昌記錢莊	大井巷九一號	電話二六六三號
豫大錢莊	清泰街四二四號	電話二五〇八號 京錢戊字六〇二二號
通元錢莊	中山中路四〇九號	電話二六〇四二 京錢戊字六〇一九號
萬源昌錢莊	中山中路三七號	電話二三四二號 京錢戊字六五四二號
泰安錢莊	盔頭巷三六號	電話一六一〇轉 京錢戊字六八四八號
鴻源錢莊	上珠寶巷四號	電話二一三〇號 京錢戊字六九五八號
復泰錢莊	中山北路二〇六號	電話二三三二號 京錢戊字七〇五八號
寅泰源錢莊	中山中路四九一號	電話一九六九號 京錢戊字六〇五六號
泰康錢莊	民生路三九號	電話二三六六號 京錢戊字六〇五七號

本書編輯指導

吳則民

浙江東陽縣人，銓敍部甄審及格縣長。曾任寧波商人組織統一委員會委員、中國國民黨鄞縣縣黨部執行委員兼常務委員、書記長、寧波民國日報社社長、寧波新聞社社長、寧波通訊社社長、寧波新聞記者協會常務理事、浙江省戰時記者協會理事、正報社經理、浙江省黨部視察、浙江省動員會視察、浙江省戰時民衆工作推進委員會副總幹事、寧波區民運工作督導員、第十集團軍總司令部少校參議、軍民合作指導處上校副處長、財政部浙江田糧管理處督導、磐安縣副處長。現任財政部浙江區直接稅局荐任督導。

許正直

字純公，現年三十六歲，湖北天門人，上海光華大學畢業，歷任交通部三台電報局局長，重慶女子職業學校校長，南京市政府農林部內政部祕書等職，現任本省省政府主任祕書最近發表溫嶺縣長。許氏對戲劇頗有研究，著有劇本多種，曾先後在內地及本市上演，頗獲好評。

徐巽華

浙江嘉興人，三十九歲，中國國民黨黨員，上海法學院大學部政治經濟系畢業，歷任校長，講師，教授，服務政界，並從事文化事業有年。現任浙江省政府第一科科長，暨杭州市黨部執行委員。

王宋烈

浙江東陽人，現年卅四歲，國立北平師範大學畢業，曾任吳興祥生師範東陽縣立中學校長，浙保特黨部科長，浙江支團部視導，組長，浙東行署政務處科長。現任浙江省政府設計考核委員會祕書，浙江支團部幹事，杭一分團部主任。早歲致力學術，曾主編天津益世報「現代教育」週刊，刊行一百二十餘期。創辦「教育短波」半月刊，風行華北各省，至抗戰南遷武漢後停刊。教育論文散見「教育雜誌」「中華教育界」及「文化與教育」等報刊。並著有「尼采哲學與德國現代教育」一書凡十餘萬言。

曹雲蛟

籍隸鎮海，年四十三歲，畢業於上海持志學院，曾任中學教師，縣政府政工指導室主任，政工隊隊長，省訓練團及省衞生處祕書等職。現任省政府荐任視察兼設計考核委員會考核組組長。從事文化事業有年，在杭設有國光通訊社，其著作有「奇人故事夜譚錄」（商務出版）「記分法」（正中出版）等多種。

本書特聘編輯　俞守璞

廣告

正報社長吳望伋

正報紀要

正報在民國二十五年八月一日，創刊於杭州，係由方青儒、吳望伋，陳子彬諸氏一憑赤手空拳之創造。當時小型報已風靡全國，惟該報以三竺六橋之勝，爲鼓舞兩浙人士並餉世界遊人之旨趣，推陳文氏負責主持其事，以最新穎之姿態與讀者見面，一時轟動報壇。

翌年「七七」抗戰爆發，十一月滬杭局勢緊張，該報爲積極應變，先令一部份工作人員及器材南遷，籌備在金華出版，而應實際需要，仍在杭州繼續刊行。惟以人員器材疏散，不得已於十二月一月起由四開改爲八開，日出一張，維持至杭州陷敵前一星期（即十二月十六日）始行停刊，接續在金華方面恢復原篇幅出版。

該報在金華出版，銷路日增。應讀者需求，於三十 一年一月一日由四開擴版爲對開，日出一大張，但擴版未及五月，金華即遭敵騎竄擾，該報被迫於五月二十日停刊，時距金華縣城淪陷僅一星期（按金華係三十一年五月二十八日陷敵），倉卒撤退，損失不貲。

該報隨黨政機關離金華南撤，雖損失慘重，全部生財因而淪落，員工有死於炮火者，有棄社而脫離者，弄得全社支離破碎，慘不忍睹。前社長陳文氏，竟爲叛軍所執，遭刼而幾至不測。該報同人等愈挫愈奮，鬥志彌堅，準備擇定雲和爲社址，於七月一日復版，嗣以麗水陷敵，麗雲相距咫尺，環境既不許可，遂决定西遷龍泉出版。

該報在龍泉係於七月十六日起復刊，以器材損失殆盡人員傷亡亦重，不得不暫以四開一張問世。是爲浙江各報復版之最早者，中樞曾專電嘉獎。

該報在龍泉爲出版條件所限，業務開展，諸多困難，三十二年春遷至臨時省會雲和，有現社長吳望伋氏澈底刷新後，於四月十八日仍以四開小型原版式姿態出版。迨三十三年夏，敵寇再度流竄，臨時省會奉令疏散，時該報原有在溫設立分社之議，至此遂全部遷往。

是年七月二十五日，該報正式在永嘉出對開一大張，以內容編排均甚精彩，業務蒸蒸日上，正期事業聿新，詎知永嘉突又告急，該報不得已於八月二十六日停刊，循水道疏散，經瑞安溯飛雲江而上，該報人員雖在流離顛沛中，迄未間斷工作，每日抄收電訊，油印或刊出壁報分發，九月中道經瑞安屬之高樓，該地八區專署及溫州各銀行在焉，認可歇足，乃租用民房爲臨時社址，於九月十六日擴版，出八開臨時版。

十月，雲和省府各機關，陸續遷至大畓，該報以年來始終追隨省黨政機關，未嘗廢離，且高樓與大畓相距僅五十里，才遷往大呇出版。

三十四年春，敵流竄挫敗，雲和省會秩序粗復，該報同人乃取道青田，翻越泗洲嶺崎嶇轉徙，於三月中全部人馬始到達雲和，略加部署，於三月三十一日在雲和小徐舊址，仍以四開版式復刊，是年夏，吳社長望伋，因公赴陪都，攜帶合訂本多册，送呈主席及中樞當局，主席深感該報在戰亂中生長，對國家社會貢獻甚多，當撥款百萬元以獎助，並由中常會嘉獎，報社同人，乃益振奮！

同年九月三日日本正式降服，省會遷治，該報於九月五日推進杭市，先出臨時版，於十月三十日，蔣主席五十晉九華誕擴充對開一大張。三十五年，業務開展驚人，乃增出兩大張，卅六年春，以中宣部明令節約紙張，不得已暫又改為一大張，近來以報導翔實，言論正確，銷數與日俱增，實堪為本省第一流大報。

廣告

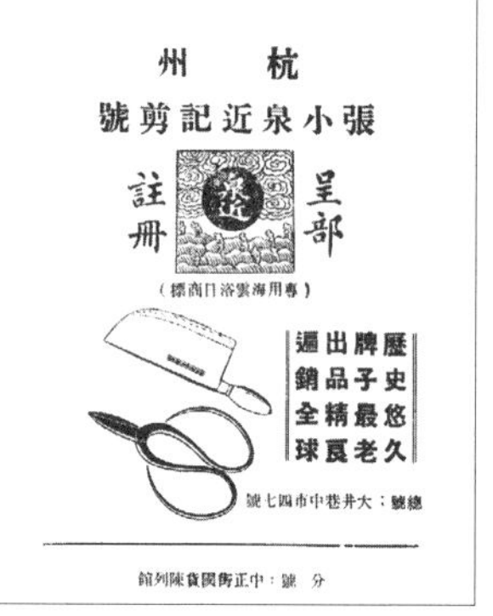

冷飲部
冰汽水
冰咖啡
冰淇淋
樣樣齊備

糖菓部
各式糖食
應時糕菓
西湖藕粉
應有盡有

地址：英士街西湖電影院間壁

老大房
華記
茶食號

營業

茶食糖果
餅乾麵包
各式西點
罐頭食品

地址：中山中路一八〇號
（即太平坊）

紅金
喜慶宴會
咸宜紅金
20 CIGARETTES
中國福新煙公司出品

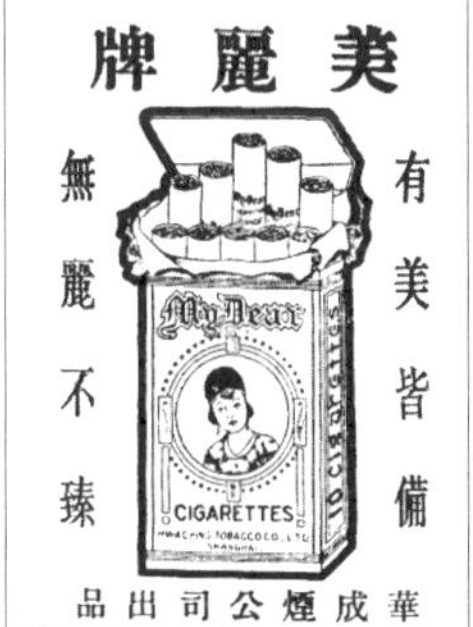

美麗牌
有美皆備
無麗不臻
My Dear
CIGARETTES
華成煙公司出品

中國紡織企業公司

杭江紗廠

出品之

「錢江大橋」牌棉紗

品質優良　遐邇歡迎

廠址：杭州武林路七五號

電話：二五九二號

及時行樂　旅行最宜

因時代之進展，吾人之責任加重，故吾人對於身體健康，應加意愛惜，欲增進健康，當從事正當之娛樂，苟能利用大好時光，結伴旅行，探幽尋勝，既廣眼界，復暢胸襟。實有無窮樂趣，我兩路沿線，極多名勝古蹟，足供中外人士遊覽，茲摘錄重要者列後，以供參考。

南京　中山陵　明孝陵　燕子磯　玄武湖　秦淮河　夫子廟　雨花台　靈谷寺
棲霞　紗帽峯　天開巖　白鹿泉　千佛巖
鎮江　金焦北固三山　竹林鶴林招隱諸寺
無錫　梅園　小箕山　蠡園　黿頭渚　惠山
蘇州　虎丘　留園　天平山　靈巖山
松江　佘山
嘉興　南湖　煙雨樓
杭州　西湖　靈隱　天竺　虎跑　淨慈寺　岳墳　九溪十八澗　紫雲洞　六和塔

欲知詳細請向下列各問訊處或營業所詢問

問訊處　上海電話42433號　南京電話321[illegible]5號　杭州電話2716號

營業所　上海電話45521號　上海西站電話37055號　南京電話21280號　杭州電話1430號

京滬區鐵路管理局運務處啓

A字消毒

茂森鮮牛奶

茂森牧場出品

場址：杭州蔡官巷三三號

電話：二〇一二號轉

遊覽勝地

清泰第二旅館

莫干山分館

地址：莫干山蔭山路

冠生園食品公司

（杭州分店）

糖果餅乾　西點麵包　陳皮製梅　鮮果子露　應時食品

清泰街五一五號

（西湖支店）

公司大菜　牛奶咖啡　雞蛋麵食　奶油冰淇淋　冷熱飲品

教仁街二一二號

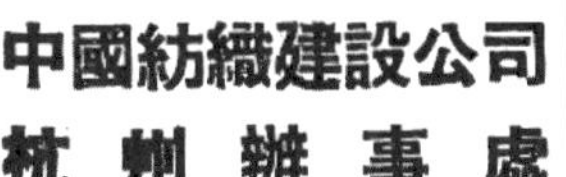

中國紡織建設公司
杭州辦事處

業務　配售　棉紗　布疋
呢絨　針織品

收購　蔴絡　吐絲　棉花

地址：清泰街三三〇號

電話：主任室二七〇一　辦公室一九二八

矽炭銀

會後服用三片可防腸胃疾患

主治泄瀉痢疾霍亂中毒胃痛腹痛及一切腸胃病

民生藥廠出品　各大藥房均售

衛一寅字一二七號

中國文化出版社

新書推荐

蔣主席傳　[illegible]李乃文合編

本社為使讀者能明瞭　主席史略，特多方徵集名貴資料，編印是書，貢獻於世。內容除載　主席傳略外，又有　主席家庭，　主席之故鄉，　主席之生活近況，　主席之言論等多欄，並另加彩色銅圖，　主席親筆簽名，暨訓辭等數十幀，實為希世名貴之紀念品。

風雨劫　黑嬰著

——短篇小說選集之一——

黑嬰先生小說，本社已出版多種，本集為再版本，包括「風雨劫」「過」「悲苦的網」三章，內容現實曲折，筆調新穎流利，堪列選上不朽佳構之林。

禮物　徐蔚南等著

——短篇小說選集之二——

本書選用當代名作家徐蔚南，駱賓基，臧克家，許欽文，艾蕪，巴金，蘇田，蕭軍等近作八篇，每篇各有富麗襯頁一幅，誠為一九四七年文化界一枝夢花！

印花

剪下此頁購書

得享九折優待

抗戰史略　唐錫疇編

自民國二十六年七七中日事變發生以迄三十四年八月十日日本投降，凡我輝煌抗戰事蹟，軍民英勇壯烈故事，乃至各項會議，外交活動等，無不廣為蒐羅。本書可作小說看，亦可作歷史讀，全國國民，似宜人手一冊。

本社編印中新書

人間祕密……本社編

天涯孤夢……李乃文著

禿筆詩賸（再版）……王[illegible]著

川貝桔梗遠志製劑

安嗽露

立癒咳嗽

民生藥廠出品　公司藥房均售

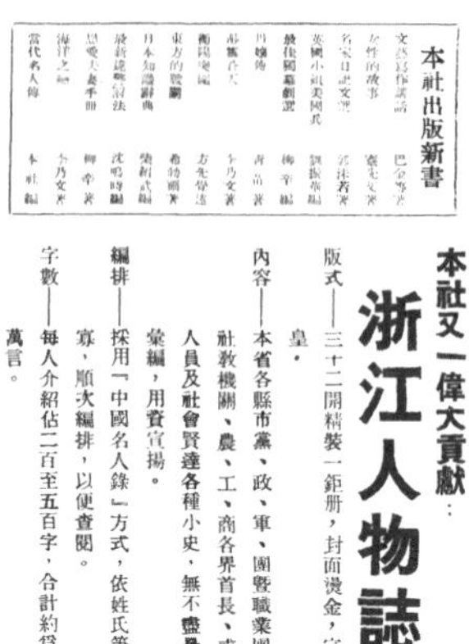

製糖廠

精製蜜餞
糖果餅乾
中西茶食
壽喜蛋糕
洋酒罐頭
應有盡有

本廠榮譽出品　著名老牌　惠司水果糖

地址　一支店中山中路　四支店中正中路
電話　二一二九　一七〇八

東南纖絲業巨擘

緯成絲廠

規模宏大擁有絲車千檯

產絲優良　遍銷歐美

地址：杭州下池塘巷廿八號

電話：一二二二號

杭州第一紗廠股份有限公司

六和塔牌　粗細棉紗
三潭印月牌　各種布疋
三角亭牌　毛巾被單
品質精良　經久耐用　花色新穎
自紡　自織　自印　自染

廠　址：杭州拱宸橋　電話：拱宸橋六號
管理處：杭州勞働路一〇一號　電話：一〇七六號
門市部：杭州清河坊八號　電話：二一七一號

二百餘年茶業領袖

翁隆盛茶號

ONG LUNG SHENG TEACO

獅峯龍井
九曲烏龍
杭白貢菊
珠蘭大方

總號：杭州中山中路一〇〇號　電話：一六五七
分號：上海南京路山西路口　電話：九七八六六

杭　州

高　義　泰

綢緞呢羢布莊

國產綢緞
棉布呢羢
花式新穎
定價低廉
如蒙惠顧
竭誠歡迎

地址　中山中路　電話一五六四

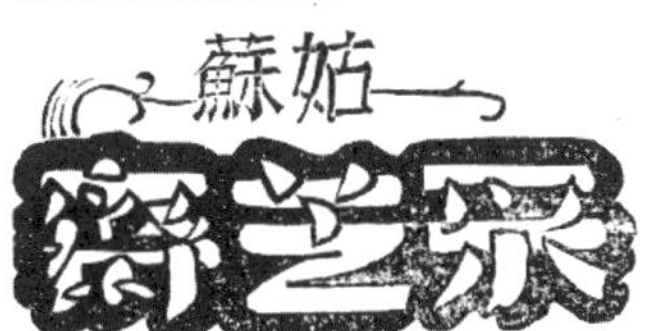

杭州延齡路

精製蘇式
茶食　糖果　蜜餞
經售馳名
應時禮品　各地土產

介紹國醫劉召伯先生啓事

召伯先生邃於醫，足跡半海內，所至以術起人危疾，婦孺皆知名，邇日偶作越游，將去，聞者爭尼之，乃暫止。昔扁鵲家於盧，以醫名，過雒陽爲耳目痺醫，過邯爲帶下醫，入咸陽又爲小兒醫，隨所遇濟人以術，先生有焉，爰書數語爲介。

沈鴻烈　竺鳴濤　阮毅成　李超英　周象賢　陳景陶
洪陸東　雷法章　陳寶麟　皮作瓊　方青儒　張協承　同啓

診所杭州敎仁街十二號　電話一三七八號

杭州
鄭祥泰棧

本棧發售　華洋海味　閩廣洋糖　各種罐頭　貢燭佳製　定價從廉　各界光顧

官燕銀耳　南北果品　金華茶腿　自造陳芯　蜜餞糖食　批發公道　無任歡迎

住上后市街石庫門內
電話：二三五四號

杭州市永華公共汽車公司

黃色客車

新型客車
舒適穩快
團體乘坐
特別優待

終點——靈隱
正站——石蓮亭
正站——洪春橋
便站——玉泉
正站——岳坟
便站——西冷橋
正站——中山公園
便站——平湖秋月
正站——昭慶寺
便站——六公園
便站——湖濱
起點——中正街

總管理處：敎仁街三十一號
電話1318　電報掛號1318

通裕泰汽車運輸行

承運市區長途貨物

聯辦公路各線裝卸

地址 城站横骨牌弄一號

電話 一八五八號轉

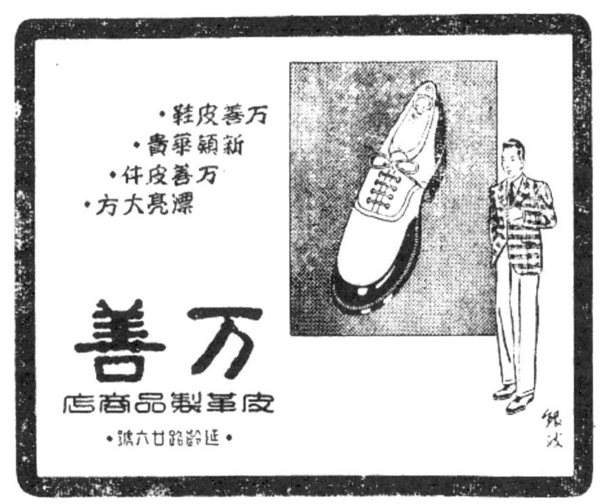

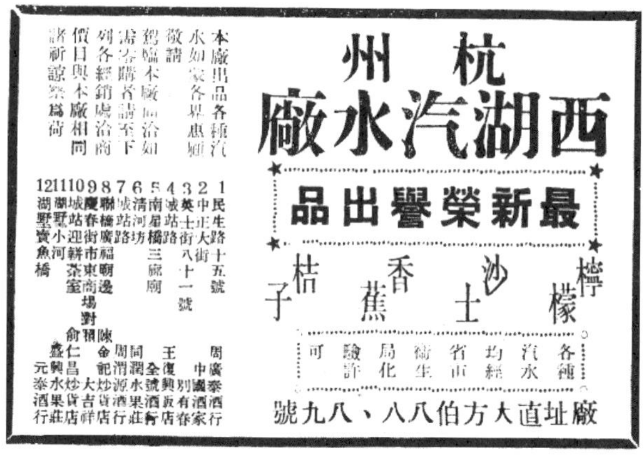
杭州
西湖汽水廠
最新榮譽出品
檸檬 沙士 香蕉 桔子
各種汽水均經省衛生局化驗許可
廠址直大方伯八八、八九號
本廠出品各種汽水如蒙各界惠顧敬請駕臨本廠面洽如遠客購者請至下列各經銷處洽商價目與本廠相同諸祈諒察為荷
1 民生路十五號
2 中正大街
3 英士街八十一號
4 城站路
5 南星橋三廊廟
6 清河坊
7 城站路
8 聯橋廣福廟邊
9 慶春街市東南
10 城站迎耕茶室
11 湖墅小河
12 湖墅賣魚橋

中國近代歷史城市指南

City Guidebooks of Modern China

Hangzhou Section

杭州篇

杭州名勝導遊（1947）

目次　CONTENTS

柳浪聞鶯 SONGSTERS IN THE WILLOW GROVE
(Liu Long Wen Ying)
三潭印月 MOONLIT LAGOONS
(San Tan Ying Yoen)
湖心亭 MID-LAKE PAVILION (Hu Sing Ting)
蘇堤春曉 A SPXING MORNING ON SOO'S DIKE
(Soo Ti Tsung shao)
斷橋殘雪 THE BXOKEN BXIDGE (Puon Chids)
白沙堤 PEI SHA DIKE (Pet Shi Ti)
花港觀魚 THE AQUARIUM (Hwa Kiang Kwau Yu)
曲院風荷 THE LOTUS POND (Cho Yuen Eeng Hiu)
岳鄂王墓 TOMB OF YO FEE (Yo Ao Wanf Mu)
蘇小小墓 TOMB OF SOO SIAO (Soo Siao Siao Mu)
秋瑾風雨亭 TSIU JING MEMORLAL
(Tsiu Jing Feng Yu Ting)
鳳林寺 FENG LING TEMPLE (eFng Ling Sz)

・孤山區圖 THE MAP OF NU SHAN CHU

孤 山 雪 霽 SNOW SCENE ON THE ISLAND HILL
(Ku shan Hsuen Cni)
平湖秋月 AUTUMN MOONLIGHT ON
THE PLACID LAKE
(Ping Hu Chiu Yoeh)
西湖博物館 THE WEST LAKE MUSUEM
(She Hu Boe Wu Kun)
文瀾閣 THE IMPERIAL LIBRARY
(Wen Lan Koh)

中山公園　CHUNG SAN PARK
(Chung San Kung Yuen)

西泠印社　SI LEN PRINTERS' HALL,
(Si Len Ying Sho)

蘇曼殊塔　THE TOMB AND MO NUMENT OF SOO MAN CHU　(Man Chu Tah)

放鶴亭　CRANE PAVILION　(Fong AO Ting)

昭慶寺　TSAO CHING TEMPLE
(Tsao Ching Sz)

·葛嶺區圖 THE MAP OF KO LING CHU

保俶塔　PAO SHO PAGODA　(Pao Sho Fah)

葛嶺　KO'S PEAK　(Ko Ling)

初陽台　TOWER OF THE RISING SUN
(Cho Yang Tai)

妙智寺　TEMPLE OF WISDOM　(Miao Chi Sz)

黃龍洞　YELLOW DRAGON CAVE
(Hwang Lung Tung)

紫雲洞　PURPLE CLOUD CAVE　(Tse Yuen Dung)

棲霞洞　SI YAH PEAK　(Si Yah Ling)

·北山區圖 THE MAP OF PEI SHAN CHU

玉泉觀魚　YU CHUEN AQUARIUM
(Yu Chuen Kwan Yu)

雙峯插雲　THE TWO PEAKS　(Shon Feng Tsa Yue)

飛來峯　FEE LAI PEAK　(Fee Lai Feng)

彌勒石像　THE GIANT LAUGHING BUDDHA
(Mi Leh Shih Fo)

雲林寺 XUE LING TEMPLE (Yuen Ling Sz)

冷泉亭 LEN CHUEN PAVILON (Len Chuen Ting)

韜光庵 TAO KWANG TEMPLE (Tao Kwang An)

北高峯 NORTHERN PEAK (Pei Kao Feng)

下天竺 SHA TIEN CHO TEMPLE (Sha Tien Cho)

中天竺 CHUNG TIEN CHO TEMPLE (Chung Tien Cho)

上天竺 SHON TIEN CHO TEMPLE (Shon Tien Cho)

·南山區圖 THE MAP OF NAN SHAN CHU

南屏晚鐘 ECHOES OF TEMPLE BELLS (Nan Ping Wan Chung)

淨慈寺 TEMPLE OF PURITY AND MERCY (Ching Sz Sz)

張蒼水祠 CHANG'S MEMORIAL HALL (Chang Chong Soui Sz)

煙霞洞 YIEN YAH CAVE (Yien Yah Tnng)

石屋洞 STONE HOUSE CAVE (Sheh Wo Tung)

虎跑泉 TIGER SPRING (Hu Pso Chuen)

龍井泉 DRAGON WELL SPRING (Lung Ching Chuen)

法相寺 FAH SIANG TEMPLE (Fah Sing Sz)

南高峯 SORTHERN PEAK (Nan Kao Feng)

九溪十八澗 NLNE BROOKS AND EIGHTEEN CASCADES (Chiu Chi Shih Pah Che)

· 吳山區圖 THE MAP OF WU SHAN CHU

吳山　WU HILL　(Wu Shan)

雲居聖水寺　YUE CHU SHEN SHUI TEMPLE
(Yue Schu Shen Shui Zs)

· 江干區圖 THE MAP OF KIANG KAN CHU

錢江大橋　OHIENKIANG BIG BRIDGE
(Chienkiang Da Chiao)

六和塔　LIU HU PAGODA　(Liu Hu Tah)

浙江潮　THE FAMOUS HANGHOW TIRE
(Che Kiang Tsao)

雲栖寺　YUE SI TEMPLE　(Yue Si Sz)

· 西溪區圖 THE MAP OF SI CHI CHU

老東嶽廟　OLD TUNGYO TEMPLE
(Lao Tung Yo Miao)

花塢　BAMBOO GROVE　(Hwa Wu)

秋雪庵　CHU SIH TEMPIE　(Chit Sih An)

衍慶寺　YI CHING TEMPLE　(Yi Ching Sz)

遊程指南　HOW TO GO

- **舟遊**　BY BOAT
  - 一日遊程　One day
  - 兩日遊程　Two days
- **汽車遊**　BY BUS
  - 半日遊程　Half a day
  - 一日遊程　One day
  - 三日遊程　Three days

- **輿遊** BY SPDAN-CHAIR
  - 兩日遊程 Two days
  - 三日遊程 Three days
  - 五日遊程 Five days
  - 八日遊程 Eight days
- **步遊** BY WALKING
  - 三日遊程 Three days
  - 六日遊程 Six days
  - 十日遊程 Ten days
  - 十五日遊程 Fifteen days

遊覽須知 Guide You to Comforts

- **食、宿、娛、樂**
  Keep your lite: eating, sleeping and play
- **杭州特產** The famous things in Hangchow

附錄 APPENDIX

杭州市永華汽車正便站名一覽

杭州市公共汽車站名一覽

杭州市郵局局名地點及營業時間一覽表

杭州市銀行一覽表

杭州市錢莊一覽表

A GUIDE TO HANGCHOW

COMPLIED & PUBLISHED BY S. K. SHYNG 1947

中英對照　圖文並茂

杭州名勝導遊——周象賢題

刑心廣主編　正中書局總經售

中華民國三十六年四月初版

杭州名勝導遊序

杭州擅湖山之勝，余曩年負笈是邦，卽得親西子芳澤，遊履所至，筆之於書，斷簡殘篇，間嘗發表於報章雜誌，頗擬彙集成冊，以十年飢驅浪走，既無子暇，尤尠閒緒，事與願違，徒呼負負。勝利後重來湖上，因兼教於國立英士大學財政會計兩專修科，該兩部份一在三天竺，一在鳳林寺，風景區也，因是更多遊覽機會，每當恣情於山巔水涯，曩昔纂述一書之意，復縈廻腦際。某日，以此事請益於企虞市長，周公甚善余意，並謂：「請採中英文對照！」余極佩卓見，良以杭州有國際花園都市之目，勝利後外邦人士蒞杭者日衆，然以言語隔閡，更乏英文杭州指南一類書籍之足供嚮導，減少遊興，僅窺一斑，信宿卽去，於是名山勝跡，多湮沒而不為世人所聞焉。建設新杭州，應效法瑞士、法蘭西，吸收遊客游資以為建設之資，企虞市長有此遠大計劃，然吸收遊客游資，應自文字介紹湖山勝跡始，必如此，方足吸引外人之絡繹來遊也。余自惟力薄，無以為市長遠大計劃助，然於點竄刼掠，則頗有一日之長，遂歸而編繹本書，本書讀者對象因兼及外人，故文字敘述力避繁瑣，風景照片則盡量攝取，蓋依個人經驗，洋洋然綦詳之紀載，實不為遊客所歡迎，因名山勝景當前，已感應接之不暇，何遑研讀冗長枯澀之文字；至如解釋西湖如何形成等文字，非本書範圍，恕不錄載；歷代題詠，前人佳話，則擬另作「西湖詩史」問世，此處概從割愛。倉卒成書，舛誤難免，尚望中外人士指教，俾再版時據以訂正。本書承周市長賜頒題字，並荷編輯顧問諸公匡正，併此誌謝。

邢心廣一九四七年四月於杭州

PREFACE

Hangchow is the beauty spot of China. Many years ago when I studied here, I used to visit the West Lake and made notes on its sceneries, some of which appeared in local periodicals. I had the intention of compiling them in book form for the use of tourists. During the past ten years nothing could be done owing to war. After Victory I came back from the interior, and taught Finance and Accountancy in the National Ying-Shih University, and these two courses were held in premises near the Lake. My frefuent passing through the Lake area revived in my miud the old idea of compiling a book on the Lake. I called on the Mayor, Mr. Chou Hsiang-Hsien, and asked for his advice. He suggested that I should have it in both Chinese and English. I agreed with him, for Hangchow is becoming more and more popular with foreigners and the number of tourists coming for sight-seeing is steadily increasing, and there is definitely a demand for a guide-book in English. Because of the want many a foreign visitor has come and gone without properly enjoying the trip. This book is compiled with this purpose in mind, avoiding unnecessary commentaries but tries to give the reader in the most convenient way the simplified information about the various pictures of the most noteworthy sceneries in the West Lake area especially selected to let the sight-seer see the best of it. For the historical and literary side of the subject, I purposely leave them out for another volume which I hope of putting out in the near future. My thanks are due to the Mayor of Hangchow and the numerons friends who have helped me in various ways to make this book a success.

S. K. Shyng.

Hangchow, April, 1947.

杭州史略

杭州為浙江省會，其名稱因時代而異，秦置錢唐縣，唐因之，改唐為塘，稱錢塘。宋亦稱杭州，以錢塘、仁和為首縣。南宋偏安，建都於杭，稱為臨安。清為杭州府，以仁和錢塘兩縣及餘杭、昌化、富陽、臨安、海甯、於潛、新登等七縣隸之。民國成立，併仁（和）錢（塘）二縣為杭縣；至十六年杭州設市政府，其城區為西湖全部、東南沿海塘至閘口一帶，西至天竺雲棲，北至筧橋湖墅及拱宸橋，為市區範圍。民二六年「七七」抗戰軍興，同年十二月二十四日杭州被日軍侵佔，西子蒙羞，湖光失色，如是達八年之久，至三十四年八月日軍投降，河山重光，此一人間天堂，遂又為中外遊客之樂園矣。

Of Hangchow

Hangchow is now the capital of Chekiang Province, but the original name of Hangchow is not so called. There were several changes in name from the ancient ages. According to historical records it was named Tonhsien at first in Tsin Dynasty and then changed the name to Ningan in Southern Suug Dynasty. From Ching Dynasty it was changed again to Hangchowfu, including seven districts. When the Republic of China was establised. Jinwhohsien combined with Chieg-tonghsien ot form Hanghsien. In 1927 the municipal government was established at Hangchow. In the war against Japan, this city was occupied by the Japanese, and the West Lake was submitted with shame. After war the earthly Heaven was rebuilt and became the garden of travelers.

春到西湖 The Spring On the West Lake

西湖勝概

西湖在杭州之西，湖光山色之秀，為天下冠。西湖諸山，皆宗於天目山，自一百七十里外蜿蜒而來。聳峙於西是謂天竺，從此而南，為龍井、南屏、鳳凰、吳山、總稱南山。自此而北而東，則為靈隱、寶石諸山，總稱北山，兩山分峙，中抱西湖。西湖周圍三十餘里，面積約佔十六方里，三面環山，一面臨市，谿谷縷注，有淵泉百道，瀦而為湖，蓄潔停深，圓瑩若鏡。中有孤山，峙於水心。山前為外湖，山後為後湖，西亘蘇堤，內為裏湖，外湖面積最大，中有三潭印月、湖心亭、阮公墩，合成品字形。若登葛嶺、初陽台，則全湖形勢，一目瞭然也。

The Scenery of West Lake

Within the Ghinese Republic there are many different Places Known as West Lake, but, in point of pretty scenery, the West Lake of Hangchow towers above the rest.

The central part of the lake is commonly called the Ku Shan Lu, from an islet of that name in the heart ot the lake. Below this islet, is the Suti, a causeway built by Su Tung Po, spanned by six bridges, stretching from south to north and dividing the Lake into two, the Eastern of Outer Lake and the Western or Inner Lake. The best sight in the former is the Moonlit Lagoons Autumn Moonlight on the Placid Lake and, in the latter, the Jade-Girdle Bridge.

North of the Lake is the Pei Shan Lu or the Northern Hill section. Here one finds the famous Pao shih Pagoda, and the Well at Ko Ling; here the singular beauty of the Lin-yin; the forests of the Tien-cho. South of the Lake is the Nan Shan Lu. The Nang Ping Range is a sort of screen to the Lake while the Thunder Peak is a Chinese brush standing on top of the hill.

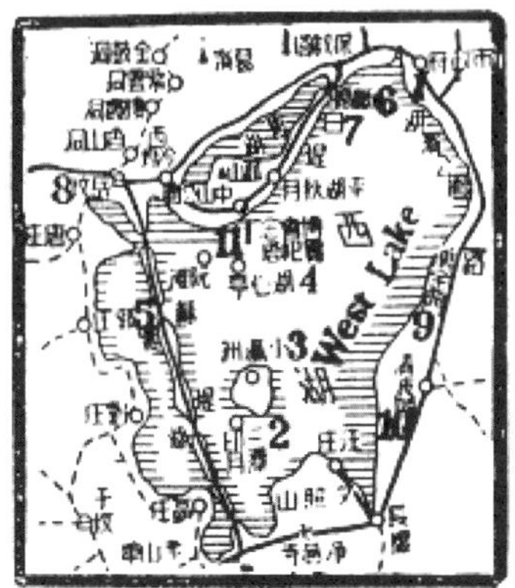

沿湖區圖（The map of Yên Hu Chü）

1. Hu Ping Kung Yuen
2. San Tan Ying Yoeh
3. Sheau Yng Jou
4. Hu Sing Ting
5. Soo Ti
6. Tuan Chiao
7. Pei Ti
8. Yo Wen
9. Yeong Jin Men
10. Ching Bo Men

湖濱路

（**湖濱公園**）在新市場湖濱路西，正對湖山，寬五六丈，長達里許，花木扶疏，空氣鮮潔，遊人之欣賞湖光山色者，常集坐於此。

THE WEST LAKE PARK (Hu Ping Kung Yuen) Presenting a modern aspect of Scenic Hangchow.

湖濱公園

陳英士銅像

淞滬陣亡將士紀念碑

（**陳英士銅像**）湖濱公園第三碼頭，建有陳英士銅像，怒馬屹立，氣勢雄偉。

CHEN JING SHIH' S BRASS STATUE (Shen Jing Shih Ton Siang) standing beside the Lake. He is riding on the mettled horse, full of spirit.

（**淞滬陣亡將士紀念碑**）湖濱公園第五碼頭建有第八十八師淞滬戰役陣亡將士紀念碑。

A MEMORIAL BABLET FOR SHANGHAI BATTLE MARTYRS (Sung Hu Chen Wang Chang Shih Ginyen Bie) standing beside the Lake. The Bablet was built in honor of the martyrs of the 88th Division of our national army.

浣紗溪

（**浣紗溪**）在新市場浣紗路，柳蔭夾道，水清如鏡，自朝至暮，搗衣之聲不絕，城市中之幽雅勝境也。

LAUNDRY CREEK (Wen Sho Chi) Where a Goodly Part of the city's laundry is done.

柳浪聞鶯

（**柳浪聞鶯**）在湧金門之南，錢王祠之右，清聖祖所題之碑在焉。背負雉堞，面臨方池，春時柳絲蹴地，輕風搖盪，如翠浪翻空，黃鳥睍睆其間，流連傾聽，至可移人。

SONGSTERS IN THE WILLOW GROVE (Liu Long Wen Ying) Willows, which are now supplanted by other trees, used to predominate this Place. The Pavilion shelters a tablet written by Emperor Kang Shi, of the Ching Dynasty.

三潭印月

（三潭印月）在湖心亭南，為十景之一。昔人謂三潭深不可測，故建三塔鎮之。繞潭作堤，自南岸登，清聖祖御碑亭後，石橋曲折，旁護朱欄，亙魚沼上；再進為精舍數楹，額曰「迎翠軒」；後為虛堂，關帝廟位其前；廟稍北當路測為卍字亭。自此或東取竹徑，或北走石橋，曲折達浙江先賢祠。疊石峙立池心，卽小孤山。出池百數十步，乃至潭後，臨湖有額曰「小瀛洲」，植荷甚多。

MOONLIT LAGOONS (San Tan Ying Yoen) The Place is seen at its best in a moonlight, hence the name. It is one of the Ten Great Sights on the Lake. Tradition has it that there are three bottomless cavities in the water around this place. The little pagodas seen in the background were erected in order to counteract the infernal influences emanating from these abysms.

湖心亭

（**湖心亭**）居全湖中央，為十景之一，明知府孫孟建，初名振鷺亭，清聖祖額曰「靜觀萬類」。後經浙運使胡思義修葺，煥然一新，亭題橫額曰「湖心平眺」。MID-LAKE PAVILION (Hu Sing Ting) erected during the Ching Dynasty by Sung Meng, Prefect of Hangchow, It is caunted as one of the Ten Great Sights on the West Lake. In the Pavilion these is displayed a tablet written by The Emperor Kang shi, of the Ching Dynaety, bearing the words: silently We Enjoy Nature.

蘇堤春曉

（**蘇堤春曉**）堤築於宋元祐間，自南山抵北山夾道植柳，為蘇軾所創，故曰蘇堤。清聖祖題為十景之首，爰建亭於望山橋，後改岑樓。又搆曙霞亭於後。春時晨光初啟，宿霧未收，雜花生樹，英飛蘸波，宛如列錦鋪繡。

A SPRING MORNING ON SOO' S DIKE (Soo Ti Tsung shao) This was considered by Emperox Kang Shi the best of the Ten Great Sights on the Lake. The beauty of the Place, according to many, is best revealed at daybreak, in a misty spring morning.

斷橋殘雪

（斷橋殘雪）在白沙堤東，宋名寶石橋，元錢惟善有「阿娘近住段家橋」句，亦稱段家橋。李衞西湖志據吳禮之「長橋月短橋月」詞，又稱短橋。橋東有「斷橋殘雪」亭，為西湖十景之一。

THE BROKEN BRIDGE (Puon Chias) which it must be stated, is now no longer broken, but is as good as any other on the Lake. The pavilion in the foreground is famed as one of the Ten Great Sights.

白沙堤

（**白沙堤**）在湖洲中。草綠時，望如裙帶，自斷橋起迤邐經孤山至西泠橋止，徑三里餘，唐時稱白沙堤，宋時稱孤山路。淳祐志云！「不知所始」聶心湯縣志：「從俗稱白公隄。」

PEI SHA DIKE (Pet Sha Ti) The dike is about one mile in length. It connects the Broken Bridge with the Island Hill.

花港觀魚

（**花港觀魚**）在映波、鎖瀾二橋間，為十景之一，舊有亭已廢，今復舊觀。湖水清澈，昔蓄魚甚多，以餅屑投之，即紛紛出水面爭食。

THE AQUARIUM (Hwa Kiang Kwan Yu) one of the Ten Great Sights on the Lake. The Place is noted for its collection of fishes.

曲院風荷

（**曲院風荷**）在跨虹橋西，為十景之一，宋麯院在金沙港西北，因其地多荷。因名「麯院風荷」，清改「曲院風荷」。後為「崇文書院」。

THE LOTUS POND (Cho Yuen Feng Hu) one of the Ten Great Sights.

岳鄂王墓

（**岳鄂王墓**）墓在棲霞嶺之陽，岳廟之左，墓前有石人石馬，並有鉄鑄秦檜、王氏、萬俟卨、張俊四像，皆露上身，兩手反縛，跪於台下。墓門之前有橋，橋外一柏挺立，號「精忠柏」，極蒼勁。再前有明時所刻「盡忠報國」四字，嵌於牆上。

TOMB OF YO FEE (Yo Ao Wang Mu) a magnificent tomb

with stone statues of the more important personages involved in the heroic career of General Yo Fee.

蘇小小墓

（**蘇小小墓**）在西泠橋側。小小，南齊時人，為錢塘名妓，相傳墓在西泠橋畔。古樂府錢塘蘇小小歌：「何處結同心，西陵松柏下」者是也。

TOMB OF SOO SIAO (Soo Siao Siao Mu) near Si Len Bridge. Soo Siao Siao was a caurtesan of historical fame.

秋瑾風雨亭

（**秋瑾風雨亭**）亭離蘇小小墓頗近，當時秋瑾埋骨於此，今已他遷，惟風雨亭尚存。亭名風雨，取秋臨刑時所作「秋風秋雨愁煞人」詩意。秋瑾係紹興革命女子，清光緒末年，因徐錫麟案，株連受誣被誅。此外尚有鑑湖女俠祠及秋墓，均在鳳林寺前。

TSIU JING MEMORIAL (Tsiu Jing Feng Yu Ting) Tsiu Jung was a lady martyr who sacrificed her life in the cause of the revolution during the last year of the reigon of Emperor Kang Hsu of the Ching Dynasty.

鳳林寺

（**鳳林寺**）在葛冷西，一名巢居閣，俗稱喜鵲寺。唐圓修禪師，居此四十餘年，有大松盤屈如蓋，乃棲止其上，復有馴鵲飛擾於巢側，人遂以烏窠名之。明宣德間，僧如月重建，勅名鳳林寺。

FENG LING TEMPLE (Feng Ling Sz) at the west of Ko' s Peak. Erected first during the Tang Dynasty.

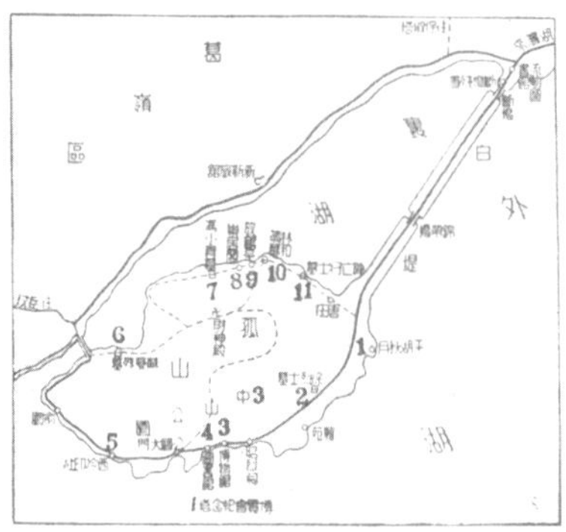

孤山區圖（The Map of Ku Shan Chü）

1. Ping Hu Chiu Yoeh
2. Shyu Lieh Shyh Mu
3. The Weet Lake Museum
4. Public Library
5. Si Len Ying Sho
6. Man Chu Tah
7. Feng Siao Chin Mu
8. Chaur Jiu Goe
9. Fong Ao Ting
10. Lin Her Jinp Mu
11. Jenn Wang Jiag Shyh Mu

孤山鳥瞰

（**孤山霽雪**）說者謂孤山與斷橋相屬，四時風月，大略相同，惟雪則各擅其勝，孤山兀峙水中，山後高低層疊，尤覺出奇，每當彤雲乍散，旭日方升，在西泠橋左右眺望，樓台上下，晶瑩一色，羣山玉立，廻合互映，恍如置身瑤台瓊樓之上也。

SNOW SCENE ON THE ISLAND HILL (Ku shan Hsueh Chi) Phato taken near Si Len Bridge.

平湖秋月

（**平湖秋月**）當孤山東路之口，為十景之一，本為明季龍王堂遺址，清聖祖南巡，建亭其上，立有御碑，前臨外湖，旁搆重軒，於此觀月，最為澄潔。懸聯云：「萬頃波平長似鏡，四時月好最宜秋」。

AUTUMN MOONLIGHT ON THE PLACID LAKE (Ping

Hu Chiu Yoeh), another Great Sight, an ideal place for lovers and admirers of the moon. The pavilion houses a tablet written by Emperor Kang Shi, of the Ching Dynasty.

西湖博物館

（**西湖博物館**）即舊文瀾閣，在孤山正中，為清高宗行宮之一部份，舊藏四庫全書，今全書移置浙江省圖書館。閣前假山環繞，結搆殊佳。民十八年西湖博覽會後，所有博覽會中之陳列品，均保存於此，任人參觀。THE WEST LAKE MUSUEM (She Hu Boe Wu Kun) It was the old place of the Imperial Labrary. There are exhibiting many things of the West Lake Exhibition, which held in 1929.

文瀾閣

（**文瀾閣**）在公園左，適孤山正中，舊藏四庫全書，咸豐間燬於兵；光緒六年，譚文勤公鍾麟復建，全書移置浙江省圖書館。閣前假山嶙峋，縐雲石在焉；有橋有洞，結搆殊佳。

THE IMPERIAL LIBRARY (Wen Lan Koh), housing formerly the famous Sz Ku Chuen Shu (A Complete Library of Chinese Classics). The books are now removed to Chekiang Public Library.

中山公園

（**中山公園**）在西湖博物館西，亦為清行宮一部份，重建文瀾閣時留隙處為花園，倚孤山築亭榭，登高一覽，西湖盡入眼底。

CHUNG SAN PARK (Chung San Kung Yuen), located in the middle of the Island Hill, and western of West Lake Musuem. It was formerly of Emperor Kang Shi's temporary Palace. The heights of the Park command a panoramic view of the whole Lake.

西泠印社

（**西泠印社**）在朱公祠右，祀清浙派印祖丁敬身。為丁仁、葉銘、吳隱、王壽祺所創立，有山川雨露圖書室，寶印山房、文泉、印泉、遯盦、還樸精廬諸勝。竹徑藥蘭，茅茨土階。頗饒古逸之趣。四照閣四面玲瓏，憑牕可覽全湖。

SI LEN PRINTERS' HALL, (Si Len Ying Sho) erected in memory of Ting Ching Shen, Chenkiang's pioneer printer. The buildings and gardens consitute one of the beauty spots on the Lake.

蘇曼殊塔

（**蘇曼殊塔**）蘇曼殊原名元瑛，香山人，生於日本，十一歲以故入廣州長壽寺為僧，法號曼殊，後棄去，浪遊蘇、浙、皖、湘、日本、暹羅、印度、錫蘭等處。在上海與南社同人相善；天才卓越，梵文、英文、法文無不通，於二十歲時入西湖靈隱山著梵文典。民國七年三十五歲，以腸胃病卒於上海廣慈醫院。後經友好集資葬之於孤山後西泠橋東，並建塔紀之。

THE TOMB AND MONUMENT OF SOO MAN CHU (Man Chu Tah) Man Chu was a brilliant and learned Budhist monk, a man who had travelled over Japan, Siam, India, Ceylon and many parts of China. He was born in Japan, was well versed in Sanskrit, English and French. While twenty years of age, he went to live at Ling Ying Shan, Hangchow, where he wrote a Sanskrit grammar. He died in 1919, at thirty-five years of age. These tomb and monument were erected by his friends.

放鶴亭 Crane Pavilion

（放鶴亭）瀕後湖，為元陳子安剏建，景目為「梅林放鶴」。清聖祖南巡，為題額幷書舞鶴賦一篇，勒石亭上。民國四年重修；亭後有鶴冢及宋林處士墓。

CRANE PAVILION (Fong Ao Ting) The Pavilion was first

erected in the Yuan Dynasty, and thereafter kept in constant repairs. It contains several tablets written by Emperor Kang Shi of the Ching Dynasty.

林處士像

林處士墓

（**昭慶寺**）在錢塘門外，舊名菩提院，吳越王建，與雲林、淨慈、聖因稱四大叢林。清咸豐辛酉燬於兵，光緒初重建。

TSAO CHING TEMPLE (Tsao Ching Sz) one of the four best known Temples around the Lake.

昭慶寺

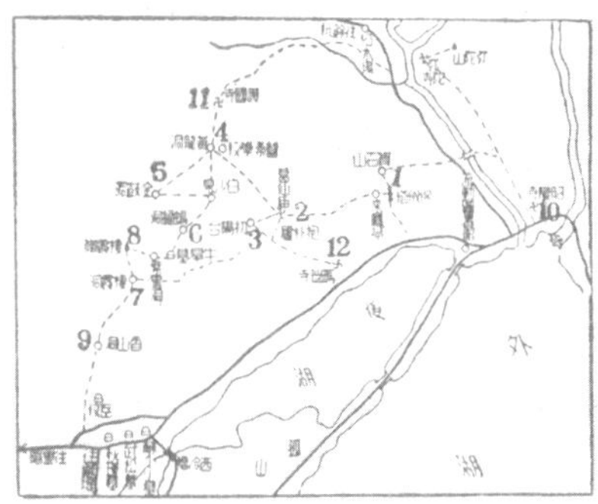

葛嶺區（The Map of ko Ling Chu）

1. Pao Soh Tah
2. Ko Sieu miao
3. Cho Yang Tai
4. Hwang Lung Tung
5. Chin Gu Tung
6. Pien Fu Tung
7. Tse Yuen Tung
8. Si Yah Ling
9. Hsiang Shan Tung
10. Tsao Ching Sz
11. Wu Kuo Sz

保俶塔

（**保俶塔**）在寶石山上，為吳越相吳延爽建，俶為吳越王之名，世訛為寡嫂祈叔平安而建，因稱保叔塔，亦稱保所塔，曾毀，後重建。高倚天外，尖削如春筍出土，昔與湖南雷峯塔相對，號稱湖上雙浮屠，今則雷峯塔已傾，僅此碩果而已。

PAO SOH PAGODA (Pas Soh Tah), erected by the King of Yoeh about 470B.C. phe original structure has of course disappeared long ago, the Present pagoda being an edifice of a later date.

葛嶺遠眺

（**葛嶺**）葛嶺在寶石山西，亦名葛塢，相傳葛洪煉丹於此，其墓在焉。

KO' S PEAK (Ko Ling), the traditional Place where Ko

Hung, the alchemist, practiced his art. His tomb is on this peak.

初陽台

（**初陽台**）當葛嶺最高處，錢塘八景之一，平衍數畝。舊十月朔，當晨曦未上時，登台望東北海際，日輪乍起，微露一痕，瞬則萬道霞光，天半俱赤，故有「葛嶺朝暾」之稱。登臨回顧，南則全湖歷歷，西南則諸山蜿蜒，北則萬傾平疇，屋廬可數，東則烟火萬家，之江大海，隱隱天際，極遠近眺覽之勝。

TOWER OF THE RISING SUN (Cho Yang Tai), one ofthe Ten Great Sights, occupies the top of Ko' s Peak, The first day of the Tenth Moon. according to Chinese calendar, is said to be the best time to watch Phcebus rise in all his glory.

妙智寺

（**妙智寺**）在棲霞嶺巔，宋太尉張公建，內有棲霞井，深丈餘，泉極甘洌，惟寺已多年失修。

TEMPLE OF WISDOM (Miao Chi Sz), Occupies the top of Si Yah Peak, The temple Was built during the Soong Dynasty.

黄龍洞

（**黄龍洞**）在掃帚塢，舊傳附近有黄龍出現，故名。又名天龍洞、無名洞。宋淳祐間，僧慧開寺無門，卓錫於此，適大旱，理宗召開祈雨，退而默坐，良久暴雨至，自是逢旱輒禱，禱應，人以為龍隨錫至，遂建護國龍寺。洞不甚深，近年加以開鑿堆疊，始稍幽邃，復由粵人建廟，中搆假山瀑布，清雅宜人。

YELLOW DRAGON CAVE (Hwang Lung Tung) where, accordiny to tradition, a yellow dragon made its appearance.

紫雲洞

（**紫雲洞**）去妙智寺二三百步。棲霞嶺五洞，此為最奇，峭聳嵌空，石色若暮雲凝紫，陰涼徹骨，從洞下級二十餘，中供觀世音石像座，鐫「紫雲洞天」四大字，旁有深穴，窺之黑暗，沿壁入，又得一洞，亦敞豁，當天小孔如掌大，日光下射，壁藤森瘦，皆從裂處上刺，右有削壁，半覆半倚，低至壁根有泉，方可三尺，水至清澈。

PURPLE CLOUD CAVE (Tse Yuen Tung) one of the five Caves around Si Yah Peak. The Cave is now the shrine of Kwan Ying Buddha.

棲霞嶺

（**棲霞嶺**）一名履泰山，或稱赤岸嶺，嶺後有白沙泉，由葛嶺初陽台西行下山繞出，即岳坟之西，途中景極清幽。

SI YAH PEAK (Si Yah Ling), Reached from the Temple of the Rising Sun by a scenic trail.

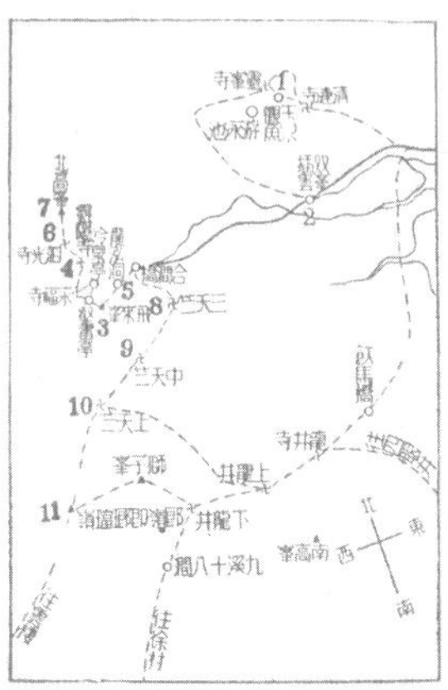

北山區（The map of Pei Shan Chu）

1. Yu Chuen Kwan Yu
2. Shon Feng Tsa Yuan
3. Fee Lai Fang
4. Ling Ying Sz
5. Lung Hung Tung
6. Tao Kwan Ang
7. Pei Kao Feng
8. San Tien Cho
9. Chung Tien Cho

10 Sha Tien Cho

11 Lang Tang Ling

玉泉觀魚

（**玉泉觀魚**）玉泉在仙姑山清漣寺內，發源西山，伏流數十里，至此始見；色清而味甘，甃石為池，方廣三丈許，清澈見底；畜有五色魚，浮沉上下，麟鬣可數，投以香餌，則揚鬐而來，吞之輒去。清雍正間，李衞建亭泉上，榜曰「洗心」。夾以迴廊，圍以短欄，遊人憑欄而坐，魚亦不驚。故玉泉觀魚，為遊湖勝事之一。

YU CHUEN AQUARIUM (Yu Chuen Kwan Yu), noted for the collection of pretty, gay-colored fishes. The aquarium is located inside the Ching Lien Temple.

雙峯插雲

（**雙峯插雲**）在九里松南北兩高峯之間，為十景之一，舊稱「兩峯插雲」。清康熙時於此建亭勒石，題「雙峯插雲」。蓋湖上諸山，以南高峯北高峯為最，在此眺望，適見兩峯相對峙也。在湖上亦可見之。

THE TWIN PEAKS (Shon Feng Tsa Yuen), one of the Ten Great sights, showing the Northern and Southern Peaks towering above the Lake. The Pavilion in the bower picture shetters a tablet written by Emperor Kang Shi of the Ching Dynasty.

飛來峯

（**飛來峯**）在靈隱天竺之間，近雲林寺，一名靈鷲。距岳坟六里，距茅家埠三里。晉僧慧理嘗登此讚曰：「此是中天竺國，靈鷲山之小嶺，不知何年飛來！」因駐錫於此，建靈隱寺，號峯曰「飛來峯」。
FEE LAI PEAK (Fee Lai Feng), midway between Ling Ying Temple and Tien Cho Temple.

彌勒石佛

（**彌勒石佛**）在靈隱飛來峯西。石壁上佛像甚多，惟此為最大。

THE GIANT LAUGHING BUDDHA (Mi Leh Shih Fo), Sculpture on the rock, to be seen at the west of Ling ying Temple.

雲林寺

（**雲林寺**）在靈隱山麓，舊名靈隱寺。晉咸和元年，僧慧理建，元明間時廢時興。清順治間，僧宏理重建，康熙二十八年南巡，賜名雲林寺，咸豐辛酉大殿燬，後主僧購巨木於美洲，重建殿閣，左有羅漢堂，內奉羅漢五百尊。民國二十五年全部被燬。

YUEN LING TEMPLE (Yuen Ling z), Sbetter hnown as Ling Ying Temple, erected first during the Tsin Dynasty, and since kept in constant repairs.

冷泉亭

（**冷泉亭**）在飛來峯下，杭州刺吏元藇建，政和中，僧慧又於前作小亭亭，郡守毛友命去之。亭上「冷泉」兩字，乃白樂天書，「亭」字乃蘇東坡續書。有觀風、虛白、候仙、見山，五亭相望。

LEN CHUEN PAVILION (Len Chuen Ting), at the foot of Fee Lai Peak. It shelters a tablet written jointly by Pei Loh Tien and Soo Tung Pu, both famous poets and writers.

韜光庵

（**韜光庵**）在北高峯南，雲林寺西巢枸塢。天福三年吳越王建，舊額「廣岩」，唐有詩僧結庵於院之西，自號「韜光」。白樂天守郡，題其堂額曰「法安」，宋大中祥符間改今額。自靈隱而上，沿途竹林茂盛，泉水清漪，風景極佳。

TAO KWANG TEMPLE (Tao Kwang Ang) at the west of Ling Ying Temple, reached by a winding path through a most preluresque bamboo grove.

北高峯

（**北高峯**）在雲林寺後，靈隱山左支之最高者，與南高峯遙相對峙，自下至頂，凡九百二十丈，石磴逾千級，曲折三十六彎，上有財神殿。

NORTHERN PEAK (Pei Kao Feng) at the near of Ling Ying Temple. A winding Path leads to the top of the peak, on which stands a temple of the God of Wealth.

下天竺

（**下天竺**）在雲林寺南，由飛來峯至此僅里餘，晉僧慧理建，初名「繙經院」，後屢有興廢。康熙三十八年聖祖駕幸寺中，賜帑重修，乾隆三十七年高宗賜額曰：「法鏡寺」。咸豐之季，化為灰燼，光緒八年重建。

SHA TIEN CHO TEMPLE (Sha Tien Cho), built first during The Tsin Dynasty and since kept in constant repairs.

中天竺

（**中天竺**）在稽留峯北，距下天竺僅里許，與永清塢相對。隋開皇十七年，僧寶掌從西域來入定，建立道場，康熙三十八年，聖祖賜帑重修，四十二年，賜御書「靈竺慈緣」額；乾隆三十年高宗南巡，賜「法淨寺」額，咸豐間燬，同治間復興。

CHUNG TIENCHO TEMPLE (Chung Tien Cho), about a half mile from Sha Tien Cho Temple. The temple was frist built during the Sai Dynasty.

上天竺

（**上天竺**）在北高峯麓，白雲峯下，昔吳越武懿王夢白衣人求治其居，乃開路築基，卽地刱佛廬號「天竺著經院」，後移今所。宋孝宗改院為寺，清乾隆十六年，高宗南巡，題門額曰「法喜寺」，咸豐辛酉燬，同治初布政司蔣益澧重建大殿，光緒間，蘇藩聶緝槻倡捐重建，宏麗為三天竺冠。

SHON TIEN CHO TEMPLE (Shon Tien Cho), located at the foot of the Northern Peak, is an old but magnificent Structure.

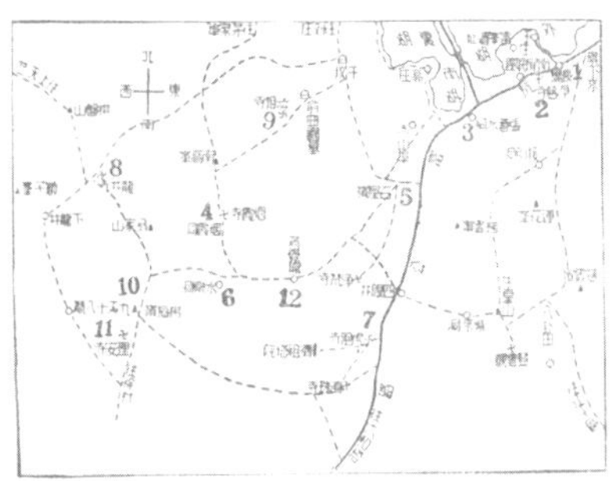

南山區（The Map of Nan Shan Chu）

1. Nan Ping Wan Chung
2. Ching Sz Sz
3. Chang Chong Shui Sz
4. Yien Yah Tung
5. Sheh Wo Tung
6. Shui Lu Tung
7. Hu Pao
8. Lung Ching
9. Fah Siang Sz
10. Chiu Chi Shih Pah Kan
11. Li Ang Sz

南屏晚鐘

（**南屏晚鐘**）南屏山正對蘇堤，在淨慈寺右，寺鐘聲動，山谷皆應，逾時乃息。舊時「南屏晚鐘」嘗改為「南屏曉鐘」，蓋夜氣方清，天籟俱絕，鐘聲乍起，響入雲霄，至足發人清省也。清聖祖仍以晚鐘題之，築亭寺門之前，面臨萬工池，更勒石於池北，建御碑亭焉。
ECHOES OF TEMPLE BELLS (Nan Ping Wan Chung). From this vantage point the sound of bells from Zing Z Temple at daybreak and in the eventide is very musical on account of the echoes from the surrounding hills.

淨慈寺

（**淨慈寺**）在南屏山麓，為周時錢王宏俶所建，號「慧日永明院」，宋改為「壽甯禪院」，後改「淨慈報光孝禪寺」，明凡兩燬兩建，清康熙三十八年南巡幸此，書「淨慈寺」額。

TEMPLE OF PURITY AND MERCY (Ching Sz Sz), Originally built during the Chow Dynasty, but rebuilt several times.

張蒼水祠

（**張蒼水祠**）在南屏山麓，太子灣前，祠前植杉檜，池榭參錯，頗幽靜；其墓碑文，為清錢祖望撰，梁同書寫。

CHANG' S MEMORIAL HALL (Chang Chong Shui Sz), located at the foot of Nan Ping Hill. The gardens are very pretty.

（**煙霞洞**）當南高峯下，晉僧彌洪結庵近地，發見此勝，時洞中已有羅漢石像六尊，吳越王補鐫十二尊，合成十八，後又補鐫大佛彌勒、觀音諸像。兩旁名人題刻甚多，鐘乳涔滴，虛朗清涼，可布几筵，進則幽暗，莫測所窮。

YIEN YAH CAVE (Yien Yah Tung), a dup and spacious

cave, just below the Southern Peak. It is Peopled by many Buddhist idols.

煙霞洞

石屋洞

（石屋洞）在石屋寺內，迤二丈六尺，狀如軒榭，較烟霞為虛朗，舊鐫小羅漢五百十六身，洪楊之亂，頭盡毀。洞後一穴，上寬下窄，署曰「滄海浮螺」。旁有小洞，曰「別石院」，曰「甕雲洞」。由通函取小徑而上，有小洞僅容一人，曰「乾坤洞」，相傳宋高宗嘗至此小坐，旁洞曰「青龍」，曰「伏虎」，岩較大而幽黝。石屋洞後，有蝙蝠洞，中產蝙蝠，宋建延建，里人避兵於此，可容數百人。

STONE HOUSE CAVE (Sheh Wo Tung), a very spacious cave, measuring about 30 feet in length. This is the entrance to a number of smaller caves.

虎跑泉

（**虎跑泉**）在大慈山定慧禪院，俗稱「虎跑寺」。唐元和中，釋性空居此，以無水，將他之，夢神告曰，「明日當有水」，是夜二虎跑地作穴，泉水湧出。此泉在岩石底，直起時有漚如亂珠浮水面，清澄甘洌，與龍井、玉泉相伯仲。

TIGER SPRING (Hu Pao Chuen), located inside the Ting Wei Temple. This is one of the three famous springs around the Lake, namely: Dragon Well Spring (Lung Ching), Gem Spring (Yu Chuen) and Tiger Spring.

龍井泉

（**龍井泉**）出自深山亂石中，甘洌異常，昔人嘗甃小圓池，下為方池承之，自寺旁延緣而下，層崖壁立，飛瀑傾瀉；對之為八角亭，可以觀瀑，曰「振露澗」「聽泉亭」，在左井旁有神運石，高六尺許，石下為玉泓池，左為「茶坡」，再左為「一片雲」，有「滌心沼」，寺右垣外有「缽池」。

DRAGON WELL SPRING (Lung Ching Chuen), noted for the Pretty Cascades among the rocks, No tourist should miss the tea served here, which is made of the famous Lung Ching leves and Water from the spring.

法相寺

（**法相寺**）在穎秀塢，舊名長耳相，後改今額，寺燬於咸豐年間，後重建，僧法眞遺蛻在焉。側有「樟亭」，近人陳仁先等創建。亭前有古樟，千年物也，近寺有「法相寺亭」。

FAH SIANG TEMPLE (Fah Siang Sz), The temple houses the mummy of a noted monk named Fah Tseng. At one side of the temple stands an old tree which is reputed to have seen one thousand winters.

南高峯

（**南高峯**）在九曜山西北，與北高峯對峙，攬浙江似帶，瞰西湖如杯。舊有塔七級，觸電燬，僅存基礎。

SOUTHERN PEAK (Nan Kao Feng), one of the two highest Peaks around the Lake. On top of the peak once stood a pagoda, which is now in ruins.

九溪十八澗（劉海粟作）

（**九溪十八澗**）在龍井南烟霞嶺西南，發源處為楊梅嶺之楊梅塢，西南流會青灣、宏法、猪頭、方家、佛石、百丈、唐家，小康、九塢之水，以達徐村，出大江，其穿繞林麓，並括細流，不知凡幾，約號曰「十八澗」。

NINE BROOKS AND EIGHTEEN CASCADES (Chiu Chi Shih Pah Kan), at the south of Dragon Well and west of Yiet Yah Peak.

吳山區（The Map of Wu Shan Ghu）

1. Wu Shan
2. Shih Ell Feng
3. Cherng Hwang Miaw
4. Ruey Shyr Shan
5. Chi Bey Shan
6. Chi Bey Feng
7. Yun Jiu Sheng Shoei Syh

吳山

（**吳山**）在杭城南隅，相傳吳浮伍子胥於江，吳人憫之，立祠江上，因亦名「胥山」，又以山有城隍廟，俗呼城隍山，奇崿危峯，尤多古蹟。西北為寶月、峨嵋諸山，稍南為石佛、七寶諸山，東南為紫陽、寶蓮諸山，而總名曰吳山。

WU HILL (Wu Shan), Where, according to tradition, Wu Tsz Si, a famous statesman of the Tsung Chiu period, lived in retirement. The Hill abounds in historical landmarks.

雲居聖水寺

（**雲居聖水寺**）在雲居山。雲居庵者，宋元佑間，僧了元建；聖水寺者，元元貞間，僧明本建，明洪武二十四年，併聖水於雲居聖水寺。寺有中峯，髮塔，麻鞋，趙文敏書淨土詩碑；又有三佛泉、萬佛閣、松樂泉、超然臺、振衣亭、朝陽洞、呂字岩、三台石、海棠石、聖水岩、龜石、眠牛石諸勝。成化間僧文紳修復，清康熙三十五年重建。

YUEN CHU SHEN SHUI TEMPLE (Yuen Chu Shen Shui Zs), orginally two temples built during the Sung and Yuen Dynasties but ofterwards combined into one. Inside the temple are found maney springs and curious rock formations in additien to several relics of historical interest.

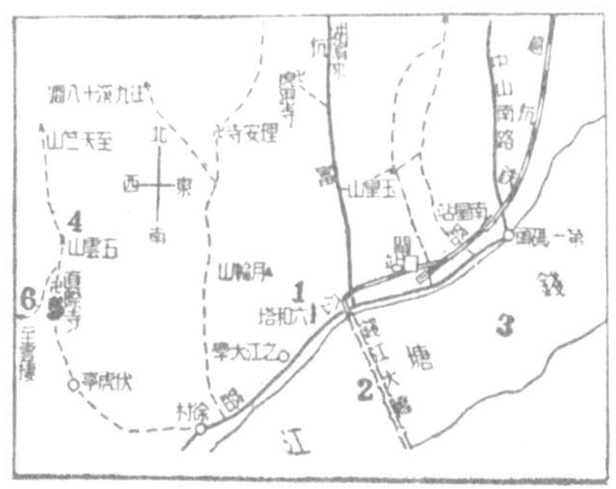

江干區（The Map of Kiang Kan Chu）

1. Liu Ho Tah
2. Chien Kiang Dah Chiao
3. Chien Tong Kiang
4. Wu Yue Shan
5. Tsung Tsi Sz
6. Yue Si

錢江大橋上層（汽車道）

（**錢江大橋**）為國內有數之偉大工程，於民國二十四年興建，越兩年而成，民二十六年日軍佔領杭州前夕，橋墩部份由我自動炸燬，今已修復。橋分上下兩層，上層為汽車道，下層為火車道。

CHIENKIANG BIG BRIDGE (Chienkiang Da Chao), as distructed by bombing in the war of anti- Japan, it has bee repaired now. There have two flats: the overhead is the road by bus and the below, the train.

下層（火車道）

六和塔

（**六和塔**）在月輪山巓，或稱六合塔。宋開寶三年，智覺禪師延壽始於錢氏南果園開山建塔，即其地構寺以鎮江潮；凡九幾，高五十餘丈，中藏舍利，後毀。紹興十二年重建，二十六年僧智曇因故基成之，七級而止。元明以來，屢燬屢修。清雍正十三年發帑重建，乾隆十六年高宗巡幸，御製塔記，並賜御書匾額。

LIU HO PAGODA (Liu Ho Fah), The earliest structure of this pagoda was built in the Sung Dynasty. The pagoda has undergone several reconstructions and has been kept in excellent repairs.

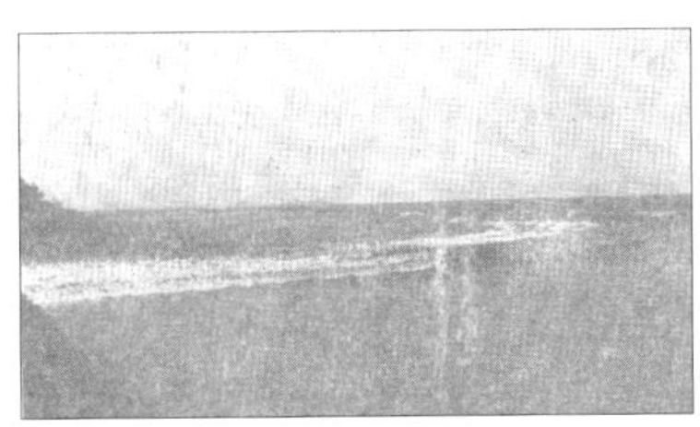

浙江潮

（**浙江潮**）枚乘七發云：觀潮於廣陵之曲江，以江勢之三折，故名曲江，浙江亦名曲江。凡江皆有潮，而觀潮獨於浙江者，蓋海潮逆流而上，受龕、赭二山約束，蹙不得騁，與山爭勢，洶而為濤，一日夜再至，四時皆同，秋季尤盛。八月十八日，相傳為潮神生日，故觀潮者輒於是日往。當潮初起時，遙望海門白光一線，少焉，如萬馬之騰空，白練一道，洶湧而來，高時達數十丈，甚而沖毀海塘，洵壯觀也。

THE FAMOUS HANGCHOW BORE (Che Kiang Tsao), The 18th day of the 8th moon, according to Chincse calendar, is the best time to see the famous tidal flood.

雲栖寺

（**雲栖寺**）雲栖在五雲山西，石徑幽窄，萬竹參天，仰不可見日；下生苔蘚，人行其中，蒼翠滿目，世稱「湖山第一奧區」。寺為吳越王建，明蓮池大師卓錫於此，清規至整肅，清聖祖、高宗有詩額。

YUEN SI TEMPLE (Yuen Si Sz), reached through a moss-carpeted bamboo grove. It is one of the Prettiest spots around the Lake.

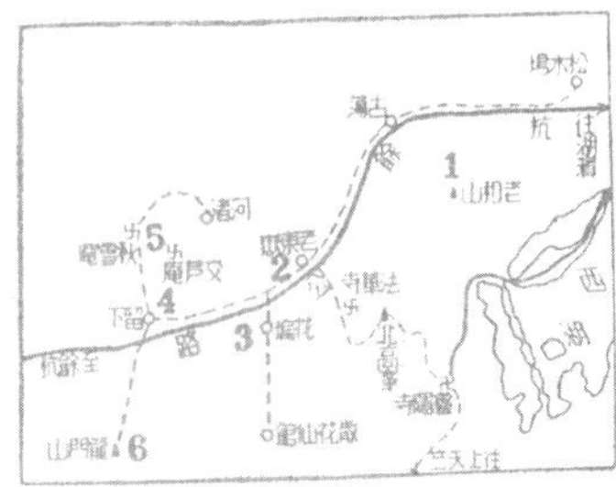

西溪區（The Map of Si Chi Chu）

1. Lao Ho Shan
2. Lao Tung Yo
3. Hwa Wu
4. Liu Hsia
5. Chiu Hsueh Ang
6. Lung Men Shan

老東岳

（**老東嶽廟**）在廟塢，去松木場十里，祠宇壯麗，宋乾道間建。杭州東嶽廟凡五處，以此香火為最盛。

OLD TUNGYO TEMPLE (Lao Tung Yo Miao), a flourishing temple erected first during the Sung Dynasty.

花塢

（**花塢**）法華山寺之塢也。地長十里，景極幽邃，名古庵，度藕香橋，溪聲淙然，夾塢茂林修竹，不見天日，其中不著名之寺庵甚多，皆隱修者。

BAMBOO GROVE (Hwa Wu), a very picturesque stretch

about three miles in length. Many smaller temples are found in the grove.

秋雪庵

（**秋雪庵**）宋潼川節度所立，水周四隅，秋時荻花如雪，明陳繼儒因題「秋雪」，近吳興周慶雲募捐重修，附設歷代詞人祠。

CHIU SIH TEMPLE (Chiu Sih Ang), built during the Sung Dynasty One part of the Temple is set apart as Poets, Hall of Fame.

衍慶寺

（**衍慶寺**）在秦亭山（俗稱老和山）巔，由古蕩汽車站旁循石徑上，綠蔭蔽日，幽爽宜人，三里許達寺門，杭城烟火，西溪溪流，均在目前。

YI CHING TEMPLE (Yi Ching Sz), occupies the top of Tsing Ting Hill and Commands a panoramic view of Hangchow and Si Chi.

欲覽湖山之勝，必按日分區，循路而行，方無枉費時間，或徒糜金錢之弊。因就平日遊履所至，經驗所得，擬具舟遊、輿遊、步遊等三種遊程，以為遊者導。

Every day by the journey according to the Iines of some parts may keep you in the economie way of time and money, if you shall take an act of looking the scenery of Whole West Lake. Here I will tall you economic journey in three ways: by boat, by sedan-chair, and by walking, which is my experience of many years. It shall guide you to play happily.

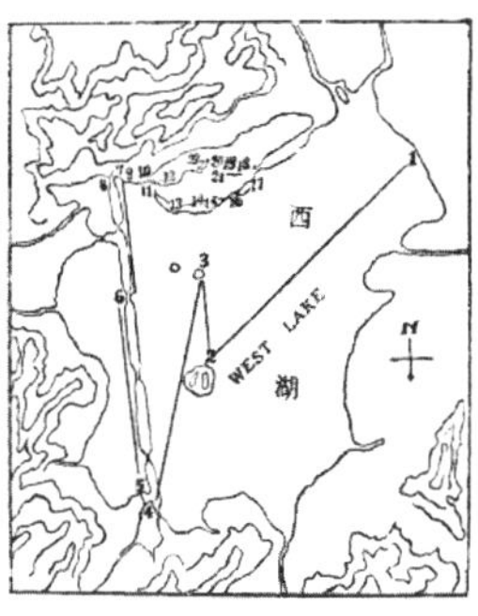

舟遊　一日遊程 By Boat One day

上午八九時，雇小舟自新市場出發，沿岸而進，遇可遊覽之地，隨時捨舟登陸。午時可在岳廟前進餐，晚仍回原出發點，如次只須一日，亦可遍遊西湖矣。茲錄一日行程，須到各地如下：

The places may be reached, by boat, one day.

1. 湖濱公園	Hu Ping Kung Yuen
2. 三潭印月	San Tan Ying Yoeh
3. 湖心亭	Hu Sing Ting
4. 花港觀魚	Hwa Kiang Kwan yu
5. 高莊	Kao Juang
6. 蘇堤春曉與蘇堤公園	Soo Ti Tsung Shao or Soo Ti Kung Yuen
7. 岳廟	Yo Miao
8. 曲院風荷	Cho Yuen Feng Hu
9. 秋瑾墓	Tsing Jing Mu
10. 蘇小小墓	Soo Siao Siao Mu
11. 西泠橋	Si Len Chiao
12. 曼殊塔	Man Chu Tah
13. 西泠印社	Si Len Ying Sho
14. 中山公園	Chung San Kung Yuen
15. 西湖博物館	Si Hu Boe Wu Kun
16. 博覽會紀念塔	Boe Laan Huey Jih Niann Tah
17. 平湖秋月	Ping Hu Chiu Yoeh
18. 林社	Ling Sho
19. 放鶴亭	Fong Ao Ting
20. 鳳林寺	Feng Ling Sz
21. 林處士墓	Ling Chuu Shyh Mu
22. 馮小青墓	Feng Siao Ching Mu
23. 瑪瑙坡	Maa Nao Po

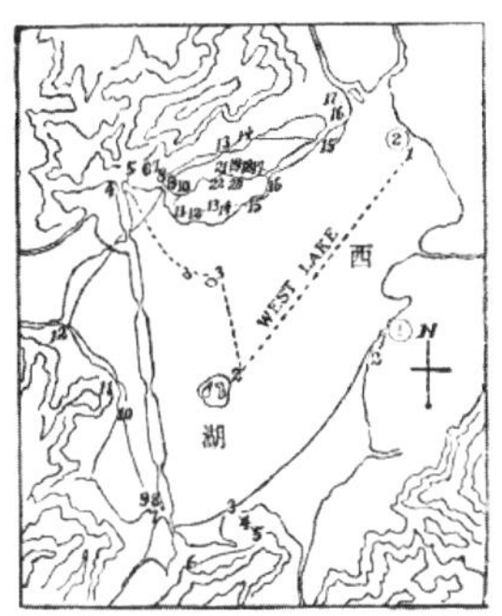

舟遊　兩日遊程 By boat two days

第一日遊沿湖區，自湧金門出發，進小南湖，在高莊午餐，繞丁家山經郭莊出金沙堤，由西冷橋而入裏湖，出斷橋至新市場湖濱登岸。所應遊各地如下：

The places may be reached, by boat, in first day.

1. 柳浪聞鶯及錢王祠　Liu Long Wen Ying, Chieng Wang Sz.
2. 汪莊　Wong Juang
3. 漪園（卽白雲庵）　Jin Yuen
4. 雷峯塔遺址與紅籟山房　Ra Feng Tah Yiz, Hun Lae Shan Fon.
5. 淨慈寺　Ching Chi Sz
6. 張蒼水祠　Chang Chong Shiu Sz
7. 蔣莊　Chang Juang
8. 花港觀魚　Hwa Kiang Kwan Yu

9. 高莊	Gao Juang
10. 劉莊	Liu Juang
11. 西山公園	She Shan Kung Ypen
12. 郭莊	Gue Juang
13. 嚴莊	Yian Juang
14. 葛蔭山莊	Ko Ying Shan Juang
15. 斷橋與白堤公園	Ton Chao, Pei Ti Kung Yuen
16. 堅匏別墅	Jian Poe Byen Sz
17. 昭慶寺	Tsao Ching Sz

第二日遊湖中及孤山區，自新市場出發直達三潭印月，轉湖心亭，折而謁岳廟；進午餐後，由岳廟出至湖濱折向左，步行經秋墓，過西冷橋，環遊孤山一週，命舟在放鶴亭下相候。及再登舟放乎中流，在葛嶺、孤山之間，可試「空谷傳音」之勝，然後至錢塘門登岸。本日應到各地如下：

The places may be reached, by boat, in second day.

1. 湖濱公園	Hu ping Kung Yuen
2. 三潭印月	San Tan Ying Yoeh
3. 湖心亭	Hu Sing Ting
4. 曲院風荷	Cho Yuen Feng Hu
5. 岳廟	Yo Miao
6. 鳳林寺	Feng Ling Sz
7. 秋瑾墓	Tsing Jing Mu

8. 蘇小小墓	Soo Siao Siao Mu
9. 西泠橋	Si Len Chiao
10. 曼殊塔	Man Chu Tah
11. 廣化寺	Kwan Hwa Sz
12. 西泠印社	Si Len Ying Sho
13. 中山公園	Chung Shan Kung Yuen
14. 西湖博物館	Si Hu Boe Wu Kun
15. 博覽會紀念塔	Boe Laan Huey Jih Niann Tah
16. 平湖秋月	Ping Hu Chiu Yoeh
17. 林社	Ling Sho
18. 放鶴亭	Fong Ao Ting
19. 巢居閣	Shao Chu Goe
20. 林處士墓	Ling Chun Shyh Mu
21. 馮小青墓	Feng Siao Ching Mu
22. 瑪瑙坡	Maa Nao Po

汽車遊　半日遊程 By Bus Half a day

如乘滬杭路或浙贛路早班車來杭，抵杭已中午時分，下車後，即在車站雇汽車出遊，由白堤至北山靈隱，折回蘇堤至南山各處，歸時可在大街購買杭州土產。乘夜車離杭。半日所遊各地如下：

The places may be reached, by bus, half a day.

1. 湖濱公園	Hu Ping Kung Yuen
2. 白堤公園	Pei Ti Kung Yuen
3. 平湖秋月	Ping Hu Chiu Yoen
4. 孤山全部	Ku Shan
5. 中山公園	Chung Shan Kung Yuen
6. 西泠印社	Si Len Ying Sho
7. 岳王廟	Yo Wang Miao
8. 靈隱	Ling Ying
9. 飛來峯	Fee Lang Feng
10. 蘇堤公園	Soo Ti Kung Yuen
11. 虎跑	Hue Poh
12. 汪莊	Wong Juang

汽車遊　一日遊程 By Bus One day

晨起八時出發，由白堤經岳墳至靈隱折回，遊岳墳。午後，經蘇堤至曲山等處，並至錢塘江濱，轉入九溪十八澗，歸來時經中山中路以至城站。其所到地點如下：

The places may be reached, by bus, one day.

1. 湖濱公園	Hu Ping Kung Yuen
2. 昭慶寺	Tsao Ching Sz
3. 白堤公園	Pei Ti Kung Yuen
4. 平湖秋月	Ping Hu Chiu Yoen
5. 孤山全部	Ku Shau

6. 中山公園	Chung Shan Kung Yuen
7. 西泠印社	Si Len Ying Sho
8. 靈隱	Ling Ying
9. 飛來峯	Fee Lang Feng
10. 岳墳	Yo Fern
11. 蘇堤公園	Soo Ti Kung Yuen
12. 虎跑	Hue Poh
13. 六和塔	Lin Ho Tah
14. 九溪十八澗	Que Chi Shih Pah Che
15. 張蒼水祠	Chang Chong Shiu Sz
16. 淨慈寺	Ching Chi Sz
17. 汪莊	Wong Juang

公共汽車　三日遊程 By Bus Three days

在湖上如乘公共汽車以遊，則價既經濟，而時間更為迅速，至為合算。唯路線不多，且須算準時間，不致虛耗。公共汽車在湖上行駛者，計有三路如下：

一、自湖濱至留下，即沿西溪一帶。名勝地點如下：

The places may be reached, by bus, in first line.

1. 湖濱公園	Hu Ping Kung Yuen
2. 松木場	Snng Mo Chang
3. 彌陀寺	Mi To Sz
4. 古蕩	Gu Ton

5. 東嶽	Tong Yo
6. 花塢	Hwang Wu
7. 塢中各庵	Wu Chung Ko An
8. 留下	Liu Sha
9. 風木盦	Feng Mo An

二、自湖濱至留下，即沿西溪一帶。名勝地點如下：

The places may be reached, by bus, in second line.

1. 第六公園	Ti Liu Kung Yuen
2. 昭慶寺	Tsao Chiug Sz
3. 斷橋	Ton Chao
4. 白堤公園	Pei Ti Kung Yuen
5. 平湖秋月	Ping Hu Chip Yoen
6. 孤山	Ko Shan
7. 中山公園	Chung Shan Kung Yuen
8. 西泠印社	Si Len Ying Sho
9. 西泠橋	Si Len Chao
10. 蘇小小墓	Soo Siao Siao Mu
11. 秋瑾墓	Chiu Jing Mu
12. 武松墓	Wu Sung Mu
13. 鳳林寺	Feng Ling Sz
14. 岳墳	Yo Fern
15. 曲院風荷	Cho Yuen Feng Hu
16. 洪春橋	Hung Tsung Chao

17. 雙峯插雲	Shon Feng Cha Yue
18. 靈隱	Ling Ying
19. 雲林寺	Yue Ling Sz
20. 飛來峯	Fee Lai Feng
21. 韜光庵	Tao Kwang An
22. 北高峯	Pei Kao Feng
23. 三天竺	San Tien Cho

三、自湖濱至雲栖沿南山及錢塘江邊一帶。可到名勝地點如下：

The places may be redched, by bus, in third line.

1. 湧金門	Yio Jing Men
2. 柳浪聞鶯	Liu Long Wen Ying
3. 錢王寺、表忠觀	Chien Wang Sz, Piao Chung Kwan
4. 清波門	Ching Po Men
5. 長橋	Chang Chao
6. 汪莊	Wong Chan
7. 淨慈寺	Ching Chi Sz
8. 雷峯遺址	Ra Feng Ying Chi
9. 白雲庵	Pae Yue An
10. 虎跑	Hue Pah
11. 六和塔	Liu Ho Tah
12. 徐村	Chu Chei
13. 九溪十八澗	Que Chi Shih Pah Che

14. 雲棲　　Yue Chi

輿遊　兩日行程　By Sedan-Chair Two days

輿遊最短時間為二日，第一日遊沿湖北部、孤山、葛嶺、北山四區。侵晨自錢塘門起行，過斷橋，至孤山，環行一週，由蘇堤至金沙堤，到茅家埠，達上天竺，折回在靈隱午餐。餐後登韜光，下山渡白樂橋，抄小道至玉泉。返途謁岳廟，循湖岸行，上葛嶺，而以保俶塔終點。

本日所應停各地如下：

The places may be reached, by sedan-chair, in first day.

1. 斷橋與白堤公園　　Ton Chao, Pei Ti Kung Yuen
2. 平湖秋月　　Ping Hu Chui Yoen
3. 林社　　Ling Sho
4. 放鶴亭　　Fong Ao Ting
5. 巢居閣　　Shao Chn Gu
6. 馮小青墓　　Feng Siao Ching Mu

7. 瑪瑙玻	Maa Nao Po
8. 林處士墓	Ling Chu Shyh Mu
9. 趙公祠	Chaon Kon Sz
10. 徐錫麟墓	Chu Si Ling Mu
11. 西湖博物館	Mo Si Hu Boe Wu Kun
12. 中山公園	Chung Shan Kung Yuen
13. 浙江圖書館孤山分館	Ku Shan Tu Shu Kun
14. 西泠印社	Si Len Ying Sho
15. 廣化寺	Kwan Hwa Sz
16. 曼殊塔	Man Chui Tah
17. 西泠橋	Si Len Sho
18. 蘇小小墓	Soo Siao Siao Mu
19. 秋瑾墓	Chiu Jing Mu
20. 三天竺	San Tien Cho
21. 飛來峯	Fee Lai Feng
22. 雲林寺	Yue Ling Sz
23. 韜光	Tao Kwang
24. 清漣寺	Ching Leen Sz
25. 岳廟	Yo Miao
26. 棲霞洞	Chie Yaun Tung
27. 紫雲洞	Chi Yue Tnng
28. 葛嶺	Ko Ling
29. 蝦蟆嶺	Sha Mo Ling
30. 保俶塔	Pao Hsio Tah
31. 彌陀寺	Mi Tu Sz
32. 昭慶寺	Tsao Ching Sz

第二日遊沿湖南部南山、江干三區。自湧金門起過柳浪聞鶯訪雷峯遺址，入赤山埠，由法相寺而登南高峯。下山到烟霞洞，越翁家山至龍井午餐，飯後，穿過九溪十八澗，折而北至理安，復北行，經楊梅嶺水樂洞，遊石屋洞，轉而南行至虎跑，再南而達江干小天竺，東向經過八卦田，北向越慈雲嶺而回清波門。到虎跑時，若已晚，可折回由淨慈寺至原出發地點。若有餘時，可換舟往三潭印月一行。本日所應停各地如下：

The places may be reached, by sedan-chair, in second day.

1. 柳浪聞鶯 Liu Long Wen Ying
2. 錢王祠 Chien Wang Sz
3. 雷峯塔遺址 Ra Feng Tah Ye Chi
4. 淨慈寺 Ching Chi Sz
5. 張蒼水祠 Chang Chong Shiu Sz
6. 法相寺 Fa Hsian Sz
7. 南高峯 Nan Kao Feng
8. 烟霞寺 Ian Yaun Sz
9. 龍井寺 Lung Jin Sz
10. 理安寺 Lee An Sz
11. 水樂洞 Shui Lue Tung
12. 石屋洞 Shih Woe Tung
13. 虎跑寺（卽定慧寺） Hue Pah Sz
14. 濟祖塔院 Chi Cho Tah Yuen
15. 三潭印月 San Tan Ying Yoen

輿遊　三日行程 By Sedan-Chair Three days

第一日遊沿湖、孤山、葛嶺三區，晨自錢塘門出發，先遊裏湖沿岸，並登葛嶺、寶石山，次到岳廟，由趙堤南行，遊蘇堤內裏湖沿岸至花港觀魚折回，循蘇堤到岳墳午餐。餐後，流連孤山全部，又自平湖秋月乘舟至湖心亭及三潭印月而回至新市場。計到下列各處：

The places may be reached, by sedan chair, in first day.

1. 大塔寺	Da Tah Sz
2. 保俶塔	Pao Shio Tah
3. 來鳳亭	Lai Feng Ting
4. 葛嶺	Ko Ling
5. 黃龍洞	Hwang Lung Tung
6. 金鼓洞	Jing Gu Tung
7. 白沙泉	Pei Sa Chuan
8. 紫雲洞	Chi Yue Tung
9. 棲霞洞	Chie Yaun Tung

10. 岳廟	Yo Miao
11. 郭莊	Goe Juang
12. 西山公園（即丁家山）	Si Shan Kung Yuen
13. 劉莊	Liu Juang
14. 高莊	Gao Juang
15. 花港觀魚	Hwan Kiang Kwan Yu
16. 蔣莊	Chang Juang
17. 蘇堤春曉	Soo Ti Tsian Sha
18. 曲院風荷	Cho Yuen Feng Hu
19. 秋瑾墓	Tsing Jing Mu
20. 蘇小小墓	Soo Siao Siao Mu
21. 西泠橋	Si Len Chao
22. 廣化寺	Kwan Hwa Sz
23. 西泠印社	Si Len Ying Sho
24. 中山公園	Chung Shan Kung Yuen
25. 文瀾閣	Wen Lan Goe
26. 西湖博物館	Si Hu Boe Wu Kun
27. 林處士墓	Ling Chun Shyh Mu
28. 林社	Ling Sho
29. 放鶴亭	Fong Ao Ting
30. 巢居閣	Shao Chu Goe
31. 馮小青墓	Feng Siao Ching Mu
32. 瑪瑙坡	Maa Nao Po
33. 平湖秋月	Ping Hu Tsian Yoen
34. 博覽會紀念塔	Boe Lan Huey Chi

	Nian Tah
35. 塔湖心亭	Hu Sin Ting
36. 三潭印月	San Tan Ying Yoen

第二日遊北山南山兩區，自湧金門起行遊南部沿湖各地，入赤山埠，由法相寺登南高峯，下山經煙霞洞，繞石屋洞，折回到理安，轉九溪十八澗，過龍井，越棋盤山，下山即為上天竺，降而過中天竺、下天竺，而至靈隱午餐，再上韜光，造北高峯絕頂，復由小路過白樂橋，往玉泉而以岳廟為終點。所到各地如下：

The places may be reached, by sedan-chair, in second day.

1. 柳浪聞鶯	Liu Long Wen Ying
2. 錢王祠	Chien Wang Sz
3. 淨慈寺	Ching Chi Sz
4. 雷峯塔遺址	Ra Feng Tah Ye Chi
5. 張蒼水祠	Chang Chong Shiu Sz
6. 法相寺	Fa Hsian Sz
7. 血園	Soo Yuen
8. 南高峯	Nan Kao Feng
9. 煙霞洞	Ian Yaun Tung
10. 石屋洞	Shih Woe Tung
11. 水樂洞	Pei Lue Tung
12. 理安寺	Lee An Sz
13. 九溪十八澗	Que Chi Shih Pah Che
14. 龍井寺	Lung Jin Sz

15. 三天竺	San Tien Cho
16. 飛來峯	Fee Lai Feng
17. 靈隱寺	Ling Ying Sz
18. 韜光庵	Tao Kwang An
19. 北高峯	Pei Kao Feng
20. 清漣寺	Ching Leen Sz
21. 岳廟	Yo Miao

第三日遊江干一區，自清波門起行南向陟慈雲嶺，折而登玉皇山，可望見八卦田。循山陰而下，越梯雲嶺而達虎跑，出虎跑而至江干；沿江岸西行而至徐村，上五雲山；山後為雲棲，順地勢而下至范村，仍沿江干東行而返。午飯在虎跑或五雲皆可。所到各地如下：

The places may be reached, by sedan-chair, in third day.

1. 慈雲宮	Chi Yue Kon
2. 福星觀（即玉皇山）	Fu Sin Kwang
3. 虎跑寺	Hue Poah Sz
4. 濟祖塔院	Chi Cho Tah Yoen
5. 六和塔	Liu Ho Tah
6. 五洞橋	Wu Tung Chao
7. 徐村	Chun Chei
8. 伏虎寺（半山）	Fue Hue Sz
9. 眞際寺	Chen Ji Sz
10. 雲棲寺	Yue Chie Sz

11. 洗心亭	She Sin Ting
12. 三聚亭	San Chue Ting
13. 范村	Fan Chei

輿遊　五日遊程 By Sedan-Chair Five days

第一日遊沿湖區之一部分及孤山區；由湧金門出發，向南沿湖岸行，至岳廟午飯，折而至孤山。遊覽既畢，乃乘舟至湖中三處。所到各處如下：

The places may be reached by sedan-chair, in first day.

1. 柳浪聞鶯	Liu Loug Wen Ying
2. 錢王祠	Chien Wang Sz
3. 淨慈寺	Ching Chi Sz
4. 雷峯塔遺址	Ra Feng Tah Ye Chi
5. 張蒼水祠（南泠亭）	Chang Chong Shiu Sz
6. 蔣莊	Chang Juang
7. 花港觀魚	Hwa Kiang Kwan Yu
8. 高莊	Gao Juang
9. 劉莊	Liu Juang
10. 西山公園（丁家山）	Si Shan Kugn Yuen
11. 郭莊	Gue Juang
12. 岳廟	Yo Miao
13. 曲院風荷	Cho Yuen Feng Hu
14. 秋瑾墓	Tsing Jing Mu
15. 蘇小小墓	Soo Siao Siao Mu
16. 西泠橋	Si Len Chao

17. 曼殊塔	Man Chu Tah
18. 廣化寺	Kwan Hwa Sz
19. 西泠印社	Si Len Ying Sho
20. 中山公園	Chung Shan Kung Yuen
21. 文瀾閣	Wen Laan Goe
22. 西湖博物館	Si Hu Boe Wu Kun
23. 林處士墓	Ling Chun Shyh Mu
24. 放鶴亭	Fong Ao Ting
25. 巢居閣	Shao Chu Goe
26. 馮小青墓	Feng Siao Ching Mu
27. 瑪瑙玻	Maa Nao Po
28. 平湖秋月	Ping Hu Tsing Yoen
29. 博覽會紀念塔	Boe Lan Huey Chi Nian Tah
30. 湖心亭	Hu Sin Ting
31. 阮公墩	Yuen Kung Ton
32. 三潭印月	San Tan Ying Yoen

第二日遊葛嶺區及北山區，自錢塘門經斷橋沿裏湖岸遊各處及葛嶺、寶石山，過岳廟往北山各處。在上天竺折回，渡洪春橋仍由岳廟返。在岳廟或靈隱午飯。所到各地如下：

The places may be reached, by sedan-chair, in second day.

1. 錢塘門附近各莊	Chien Tong Man Goe

	Juang
2. 斷橋（白堤）	Ton Chao
3. 大佛寺	Da Fai Sz
4. 保俶塔（寶石山）	Pao Shio Tah
5. 來鳳亭	Lai Feng Ting
6. 葛嶺各處	Ku Ling Goe Chea
7. 黃龍洞	Hwang Lung Tung
8. 金鼓洞	Jin Gu Tung
9. 紫雲洞	Chi Yue Tung
10. 香山洞	Siang Shan Tung
11. 玉泉清漣寺	Yu Chai Ching Leen Sz
12. 神霄雷院	Chen Sha Ra Yuen
13. 北高峯	Pei Kao Feng
14. 韜光	Tao Kwan
15. 靈隱寺	Ling Ying Sz
16. 冷泉亭	Len Chai Ting
17. 飛來峯	Fee Lai Feng
18. 三天竺	San Tien Cho
19. 雙峯插雲	Shon Feng Cha Yue

第三日獨遊南山一區，早晨由錢塘門出發，走白堤，直達茅家埠，沿途在前兩日已遊過，不必停留，到茅家埠即直趨而上，越過雞籠山，愈走愈高，而抵龍井；轉九溪十八澗，折理安，在烟霞洞午餐，登南高峯，下山訪法相寺；折回過石屋嶺，到石屋洞，南向往虎跑，由淨慈寺回清波門。計到各地如下：

The piaces may be reached, by sedan-chair, in third day.

1. 龍井寺 Lung Jin Sz
2. 九溪十八澗 Que Chi Shih Pah Che
3. 理安寺 Lee An Sz
4. 水樂洞 Shui Lue Tung
5. 煙霞洞 Ian Yaun Tung
6. 南高峯 Nan Kao Feng
7. 法相寺 Fa Siang Sz
8. 石屋嶺 Shih Woe Ling
9. 石屋洞 Shih Woe Tung
10. 虎跑寺 Hue Paoh Sz
11. 濟祖塔院 Chi Cho Tah Yuen
12. 淨慈寺 Ching Chi Sz

第四日遊吳山區及江干區，先在城內吳山遊一週，出鳳山門，經萬松嶺、慈雲嶺，上玉皇山頂，望八卦田。下山到閘口午飯，飯後，西行登五雲山，下雲栖，沿江岸循原路而返。計到各地如下：

The places may be reached, by sedan-chair, in forth day.

1. 吳山 Wu Shan
2. 阮公祠（青衣泉） Yuen Kung Sz
3. 感化岩 Ka Hwa Ian
4. 丁仙閣（即紫陽別墅內有飛來石）
Tin Shen Goe

5. 歸雲洞	Kwun Yue Tung
6. 第一峯	Di Ye Feng
7. 雲居閣	Yue Chu Goe
8. 萬松嶺	Van Sun Ling
9. 雙節坟	Shon Che Wen
10. 慈雲宮	Chi Yue Kung
11. 福星觀	Fu Sin Kwan
12. 八卦田	Pah Gui Tien
13. 閘口	Cha Qu
14. 六和塔	Liu Ho Tah
15. 徐村	Chun Chei
16. 伏虎亭	Fu Hue Ting
17. 眞際寺	Chen Ji Sz
18. 雲栖	Yue Chie
19. 洗心亭	Shin Sin Ting
20. 三聚村（向左折）	San Chue Chei
21. 范村（左折）	Fan Chei

第五日遊西溪區，由錢塘門出發，經松木塲，沿杭餘段汽車路，在古蕩登老和山，在老東嶽午飯。飯後，僱船往遊交蘆庵、秋雪庵，返至留下，登岸，循汽車路到花塢口，入花塢。循原路出花塢口，沿汽車路回東嶽。稍東折而越桃源嶺由岳廟而返。計到各地如下：

The places may be reached, by sedan-chair, in fifth day.

1. 老和山衍慶寺	Lao Ho Shan Ian Ching Sz

2. 老東嶽　Lao Tong Yo

3. 西溪河渚　Si Chi Hu Chui

4. 交蘆庵　Chao Loo An

5. 秋雪庵　Tsing Shian An

6. 留下各處　Liu Sha

7. 花塢各庵　Hwa Wu Goe An

8. 散花仙館　Sa Hwa Shen Kun

9. 桃源嶺　Tao Yuen Ling

輿遊　八日行程　By Eight days

第一日遊沿湖區，舟輿並用，概不上山，由湧金門起始沿岸南行，至淨慈寺換舟往三潭印月，折回花港觀魚，沿裏湖北行，至宋莊午飯。又換舟過蘇堤，往湖心亭、阮公墩兩處，折回岳廟；又沿裏湖東行，至錢塘門而止。計所到各地如下：

The places may be reached, by seden-chair in first day.

1. 柳浪聞鶯	Liu Long wen Ying
2. 錢王祠	Chien Wang Sz
3. 夕照寺	Shih Jaw Sz
4. 白雲庵	Pei Yue An
5. 雷峯塔遺址	Ra Feng Tah Ye Chi
6. 凈慈寺	Ching Chi Sz
7. 張蒼水祠	Chang Chong Shui Sz
8. 蔣莊	Chang Juang
9. 花港觀魚	Hwa Kiang Kwan Yu
10. 高莊	Kao Juang
11. 劉莊	Liu Juang
12. 西山公園	Si Len Kung Yuen
13. 郭莊	Goe Juang
14. 蘇堤春曉	Soo Ti Chieng Sha
15. 三潭印月	San Tan Ying Yoen
16. 湖心亭	Hu Sin Ting
17. 阮公墩	Yuen Kung Ton
18. 博覽會紀念塔	Boe Lan Huey Chi Nian Tah
19. 曲院風荷	Cho Yuen Feng Hu
20. 岳廟	Yo Miao
21. 葛蔭山莊	Ku Ying San Juang
22. 瑪瑙坡	Maa Nao Po
23. 斷橋	Ton Chao
24. 大佛寺	Dan Fai Sz

25. 錢塘門附近各莊　Chien Tong Man Goe Chan

第二日遊葛嶺及孤山區。自錢塘門上寶石山，由山上小道，抄至葛嶺，下嶺取道小徑，遊紫雲洞及山後各洞。循原路回葛嶺，遊孤山各處。所到各處如下：

The places may be reached, by seden-chair in second day.

1. 保俶塔　Pao Shoo Tah
2. 來鳳亭　Iai Feng Ting
3. 蝙蝠洞　Bian Fun Tung
4. 抱樸廬　Pao Poe Loo
5. 黃龍洞　Hwang Lung Tung
6. 金鼓洞　Jing Gu Tung
7. 紫雲洞　Chi Yue Tung
8. 香山洞　Siang Shan Tung
9. 秋瑾墓　Tsing Jing Mu
10. 蘇小小墓　Soo Siao Siao Mu
11. 西泠橋　Si Len Chao
12. 曼殊塔　Man Chu Tah
13. 廣化寺　Kwan Hwa Sz
14. 西泠印社　Si Len Ying Sho
15. 浙江圖書館孤山分館　Ku Shan Tu Sho Kun
16. 中山公園　Chung Shan Kung Yuen
17. 西湖博物館　Si Hu Boe Ven Kun

18. 林社	Ling Sho
19. 林處士墓	Ling Chun Shyh Mu
20. 放鶴亭	Fong Ao Ting
21. 巢居閣	Snao Chu Goe
22. 馮小青墓	Feng Siao Ching Mu
23. 瑪瑙坡	Maa Nao Po
24. 平湖秋月	Ping Hu Chui Yoen
25. 斷橋（白堤公園）	Ton Chao

第三日遊北山區，自新市場乘汽車至岳墳，轉往玉泉、靈隱，由小道登北高峯，折回靈隱，直達上天竺。循原路由茅家埠而返。所到各地如下：

The places may be reached, by sedan-chair in third day.

1. 玉泉清漣寺	Yu Chai Ching Leen Sz
2. 靈隱寺	Ling Ying Sz
3. 北高峯	Pei Kao Feng
4. 韜光庵	Tao Kwan An
5. 靈峯寺	Ling Feng Sz
6. 冷泉亭	Len Chai Ting
7. 飛來峯	Fee Lai Feng
8. 三天竺	San Tien Sho
9. 茅家埠	Moe Ca Poe

第四日遊南山區，其遊程與五日遊程中之第三日相同，茲不贅。

第五日遊吳山區，吳山廟宇極多，如能一一遊到，亦須經一日之久。餘時可往萬松嶺一行，而由清波門返城。所到各地，可參閱分區說明。

第六日遊江干區，由清波門出城，過蓮花峯，經慈雲宫，上玉皇山頂。下山至閘口，沿江岸而行，登五雲山，降至雲棲，由原路而返閘口。所到各地如下：

The places may be reached, by sedan-chair in sixth day.

1. 蓮花峯	Lian Hua Feng
2. 接引洞	Jie Yiin Tung
3. 慈雲宮	Chi Yue Kon
4. 福星觀	Fu Sin Kwang
5. 八卦田	Ba Guah Tyan
6. 閘口	Jar Koou
7. 六和塔	Liu Ho Tah
8. 五洞橋	Wu Tung Chao
9. 徐村	Chun Chei
10. 眞際寺	Chen Ji Sz
11. 雲棲寺	Yue Chie Sz
12. 三聚村	San Chue Chei
13. 范村	Fan Chei

第七日遊西溪區，其遊程與五日遊程中之第五日相同，茲不贅。

第八日由城至靈隱，沿途不停，從飛來峯後面，越楓樹嶺而達上天竺，上郎當嶺，極險峻；過獅子峯，起落無定，直達五雲山頂，下至雲棲，由江岸而返。此行程所到地甚少，而所行路極長，故亦須一日。茲列所到各地如下：

The places may be reached, by eight day.

1. 永福寺	Yeong Fwu Sz
2. 楓樹嶺	Feng Shuh Liing
3. 郎當嶺	Lhng Dang Liing
4. 獅子峯	Shy Szyy Feng
5. 茶葉山	Char Yeh San
6. 萬年背山	Mann Nian Bei Sham

步遊　三日行程 By walking Three days

第一日沿湖孤山葛嶺三區。環湖之行，兼須乘舟。湖濱任何地方起行皆可，惟總以錢塘、湧金兩門為最適宜。假定由錢塘門起行，則先到寶石山葛嶺，次遊孤山，至岳廟午餐。飯後，乘船往三潭印月，折至花港觀魚，循蘇堤由淨慈寺而返清波門。（自新市場錢塘門及清波門，均可乘公共汽車）。沿途名勝過多，勢不能各處停留，只得擇其最重要者列下：

The places may be reached, by walking, in first day.

1. 保俶塔	Tao Shio Tah
2. 葛嶺	Qee Ling
3. 黃龍洞	Hwang Lung Tung
4. 金鼓洞	Jing Gu Tung
5. 紫雲洞	Chi Yue Tung
6. 岳廟	Yo Miao
7. 西泠印社	Si Len Ying Sho
8. 中山公園	Chung Shan Kung Yuan
9. 放鶴亭	Fong Ao Ting
10. 平湖秋月	Ping Hu Chiu Yoeh
11. 湖心亭	Hu Sing Ting
12. 三潭印月	San Tan Ying Yoen
13. 花港觀魚	Hwa Kiang Kwan Yu
14. 淨慈寺	Ching Chi Sz
15. 雷峯塔遺址	Ra Feng Tah Yi Chi

第二日遊南山北山兩區，由新市場乘市區公共汽車至四眼井，折入為石屋洞，經煙霞洞，轉理安、九溪十八澗，過龍井，登棋盤山，下達天竺而靈隱、玉泉以至岳廟，仍乘舟或公共汽車而返。可在龍井或靈隱午飯。其間南北兩高峯皆不及登，而棋盤山頂，可望西

湖、錢江，且可仰望後面諸山，實兼有南北兩高峯之勝；且為南山與北山往來之要道，不可不登，總計此行程可停留各地如下：

The places may be reached by walking in second day.

1. 四眼井	Syh Yean Jin
2. 石屋洞	Shih Woe Tung
3. 大仁寺	Dan Ren Sz
4. 水樂洞	Shoei Lue Tung
5. 烟霞洞	Ian Yaun Tung
6. 理安寺	Li Ang Sz
7. 九溪十八澗	Que Chi Shih Pah Che
8. 龍井寺	Lung Jin Sz
9. 棋盤山	Chi Pen Shan
10. 上天竺	Shao Tien Cho
11. 中天竺	Jong Tien Cho
12. 下天竺	Shiah Tien Cho
13. 飛來峯	Fee Lai Feng
14. 靈隱寺	Ling Ying Sz
15. 韜光庵	Tao Kuang An
16. 玉泉清漣寺	Ching Leun Sz

第三日遊江干區。乘市區公共汽路至虎跑，出至江干，沿岸西行，登五雲，下至雲棲循江岸東行至閘口，乘火車而返。計遊覽各地如下：

The places may be reached by walking in third day.

1. 虎跑寺	Hue Poh Sz
2. 六和塔	Liu Ho Tah
3. 徐村	Chun Chei
4. 五雲	Wu Yue
5. 雲棲寺	Yue Chie Sz
6. 洗心亭	She Sin Ting
7. 范村	Fan Chei
8. 閘口	Cha Qu

附註：第五日路線與「步遊三日行程」中之第三日同。

步遊　六日行程 By walking Six days

環湖之遊，自錢塘門或湧金門起行，隨處可停，在高莊午飯。惟往湖中三處，必須用舟。湖之四週，莊園寺院，共有數十，擇其要者遊之，餘者經過而已。茲錄應停各要地如下：

The places may be reached by walking in first day.

1. 柳浪聞鶯	Liu Long Wen Ying
2. 錢王寺	Chien Wang Sz
3. 雷峯塔遺址	Ra Feng Tah Ye Chi
4. 淨慈寺	Ching Chi Sz
5. 張蒼水祠	Chang Chong Shiu Sz
6. 花港觀魚	Hwan Kang Kwan Yu
7. 高莊	Gao Chao
8. 劉莊	Liu Chao
9. 郭莊	Duo Chao
10. 岳廟	Yo Miao
11. 曲院風荷	Cho Yuen Feng Hu
12. 葛蔭山莊	Qee Yinn Shan Chao
13. 大佛寺	Dan For Sz
14. 湖心亭	Hu Sing Ting
15. 阮公墩	Rnan Qong Duen
16. 博覽會紀念塔	Boe Lan Hueg Chi Nian Tah
17. 三潭印月	San Tan Ying Yoen

第二日遊孤山及葛嶺區。自錢塘門起，先到孤山區，在岳廟午飯；次登葛嶺寶石山。所到各地如下。

The places may be reached by walking in second day.

1. 斷橋（白堤公園）	Ton Chao Pei Ti Kpng Yuen
2. 平湖秋月	Ping Hu Chui Yoen

3. 放鶴亭	Fong Ao Ting
4. 馮小青墓	Fong Shao Ching Mu
5. 林處士墓	Ling Chu Shyh Mu
6. 中山公園	Chung Shan Kuang Yuen
7. 西泠印社	Si Len Ying Sho
8. 西泠橋	Si Chas
9. 岳廟	Yo Mias
10. 棲霞嶺	Chie Yaun Ling
11. 紫雲洞	Chi Yue Tung
12. 金鼓洞	Jing Gu Tung
13. 黃龍洞	Hwang Lung Tung
14. 抱朴廬	Bao Poe Ru
15. 葛嶺	Qee Riimg
16. 保俶塔	Pao Hsio Tah

第三日遊北山區。乘公共汽車至玉泉山門，步行走玉泉，抄小道渡白樂橋，登北高峯，下韜光而靈隱；自飛來峯後面，而到上天竺。在茅家埠附舟而返。午飯以在靈隱為宜。錄各地如下：

The places may be reached by walking in third day.

1. 玉泉清漣寺	Ching Lenn Sz
2. 神霄雷院	Shern Shiau Lei Yuann
3. 北高峯	Pei Kao Feng
4. 韜光寺	Tao Kwang Sz

5. 靈隱寺	Ling Ying Sz
6. 飛來峯	Fee Lai Feng
7. 楓樹嶺	Teng Shuh Rung
8. 上天竺	Shano Tien Cho
9. 中天竺	Jong Tien Cho
10. 下天竺	Shiah Tien Cho
11. 茅家埠	Mau Jia Buh

第四日遊南山區乘舟至赤埠登岸，由法相寺登南高峯，下至煙霞洞，越翁家山而達龍井下餐。轉九溪十八澗，折理安，由石屋嶺而回赤山埠。所到各地如下：

The places may be reached by walking in forth day.

1. 法相寺	Fa Siang Sz
2. 南高峯	Nan Kao Feng
3. 煙霞洞	Ian Yaun Tung
4. 龍井寺	Lung Jin Sz
5. 九溪十八澗	Que Chi Shih Pah Chc
6. 理安寺	Lee An Sz
7. 水樂洞	Sheei Lue Tung
8. 石屋洞	Shih Woe Tung
9. 石屋嶺	Shih Woe Ling

第五日遊江干區，其遊程與三日行程中之第三日相同，茲不贅。

第六日遊西溪區，乘公共汽車至靈隱，登北高峯由山陰下至東嶽午餐。僱舟遊河渚，回至吳家碼頭登岸，入花塢，出塢乘汽車至古蕩，登老和山。下山在古蕩乘汽車而返松木場，順道可往彌陀寺一遊。所到各地如下：

The places may be reached by walking in sixth day.

1. 北高峯	Pei Kao Feng
2. 法華寺	Fa Hua Sz
3. 老東嶽	Lao Tong Yo
4. 交蘆庵	Jiau Lu Ang
5. 秋雪庵	Chiu Sio Ang
6. 花塢	Hwang Wu
7. 散花仙館	Sann Hwang Shinn Goan
8. 老和山	Lao Iur Shan
9. 古蕩	Gu Ten
10. 彌陀山	Mi To Shan
11. 彌陀寺	Mi To Sz

附註：1. 第四、七日路線與「輿遊五日行程」之第三、五兩日路線同。

2. 第五日遊程見分區說明。

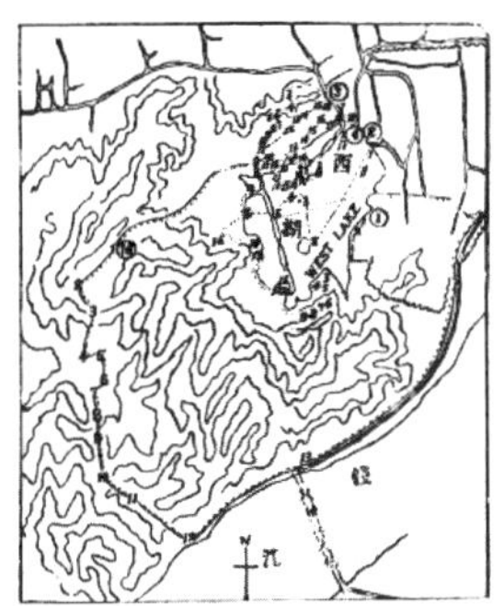

步遊　十日行程　By Walking Ten days

步遊十日遊程，以兩日遊環湖及湖中，其餘各區皆用一日，另加一日作為自天竺至五雲山之用。第一日自新市場沿湖邊小道，至柳浪聞鶯，謁錢王祠後，小道中斷，須折入馬路，過數山莊，在黃山樵別業、莫莊（即鉅鹿別墅）、汪莊前，又轉湖邊，至長橋畔。過橋，仍沿湖繞夕照山行，而達夕照寺、白雲庵，返至淨慈寺前，乃造雷峯塔址。既畢，入淨慈寺。復循馬路往張蒼水祠，沿小南湖以達蔣莊、花港觀魚、高莊，此三處可停留二小時。再行前進。沿湖濱行，最後到劉莊，出劉莊而下在吳將軍廟前上丁家山。山不甚高，而石級傾斜，山頂為西山公園，穿過山巔山，過西園，到茅家埠口，可搭船返新市場。

或由茅家埠市集直行一里許至洪春橋乘公共汽車返新市場。茲將所到各地如下：

The places may be reached by walking in first day.

1. 柳浪聞鶯	Ltu Long Wen Ying
2. 錢王寺	Chien Wang Sz
3. 夕照寺	Shih Jaw Sz
4. 白雲庵	Pae Yue An
5. 雷峯塔遺址	Ra Feng Ying Chi
6. 南屏晚鐘	Nan Byng Woan Jang
7. 淨慈寺	Ching Chi Sz
8. 小有天園故址	Sheau Tian Yuan Guh Chi
9. 張蒼水祠	Chang Chong Shiue Sz
10. 蔣莊	Chang Juang
11. 花港觀魚	Hwan Kang Kwan Yn
12. 高莊	Gao Chag
13. 劉莊	Liu Juang
14. 西山公園	Si Shan Kung Yuan
15. 茅家埠	Mau Jia Buh

第二日仍為環湖之遊。自新市場乘舟遊湖中四處，經蘇堤在茅家埠郭莊登岸，再循岸北行，渡金沙堤、玉帶橋，轉蘇堤而達岳廟、岳墳。即在廟前午飯。飯後仍沿湖折入裏湖岸，而返錢塘門。中途寺莊極多，凡可入者遊之。所到各地如下：

The places may be reached by walking in second day.

1. 湖濱公園	Hu Ping Kun Yuen
2. 三潭印月	San Tan Ying Yoen
3. 湖心亭	Hu Sing Ting

4. 博覽會紀念塔	Boe Lan Hueg Chi Nian Tah
5. 阮公墩	Roan Gong Duen
6. 蘇堤春曉（蘇堤公園）	Soo Ti Kung Yuen
7. 曲院風荷	Cho Yuen Feng Hu
8. 岳廟	Yo Miao
9. 鳳林寺	Feng Ling Sz
10. 秋瑾墓	Tsing Jing Mu
11. 蘇小小墓	Soo Siao Siao Mu
12. 葛蔭山莊	Gee Yinn Shan Chong
13. 瑪瑙寺	Maa Nao Sz
14. 智果寺	Jyh Guoo Sz
15. 堅匏別墅	Je Poe Ten Sz
16. 大佛寺	Dan For Sz
17. 昭慶寺	Tsao Ching Sz
18. 來音小築	Lai Ln Sao Jwn
19. 中行別業	Jong Shing Bye Yeh
20. 楊莊	Yang Chong
21. 南陽小廬	Nan Yang Yang Siao
22. 九芝小築	Jeen Jy Siao Jwn
23. 徐莊	Shyu Chong

自來音小築以下各處，常有人在內住家，不易入內。

第三日以葛嶺區為主，兼及其附近各處。自錢塘門起，由小道到彌陀山彌陀寺，出寺過馬路至葛嶺之陰，由棲霞嶺穿出，到岳廟，再沿裏湖岸，登葛嶺、寶石山兩處。此日行程所到各地如下：

The places may be reached by walking in third day.

1. 昭慶寺	Tsao Ching Sz
2. 彌陀山	Mi To Shan
3. 護國寺	Wu Kuo Sz
4. 黃龍洞	Hwang Lung Tung
5. 金鼓洞	Jing Gu Tung
6. 白沙泉	Pei Sa Tl
7. 蝙蝠洞	Bian Fun Tung
8. 牛皋墓	Niop Yau Mu
9. 紫雲洞	Chi Yue Tung
10. 棲霞嶺	Chie Yaun Ling
11. 香山洞	Shiang Shan Tung
12. 抱朴廬	Baw Poh Ti
13. 葛仙廟	Gee Shiam Miaw
14. 初陽台	Cho Yang Tai
15. 巾子峯	Fin Tzyy Teng
16. 川正洞	Chuan Feng Tung
17. 來鳳亭	Rai Yi Ting
18. 保俶塔	Pho Shio Tah

第四日遊孤山區及白堤。先自斷橋至平湖秋月，卽以此為起點，環行孤山一週，由山後而山前仍回原地。按次序將各處列下：

The places may be reached by walkng in forth day.

1. 斷橋白堤公園	Ton Chao Pei Ti Kung Yueo
2. 平湖秋月	Ping Ho Chiu Yoeh
3. 南京陣亡將士墓	Nom Jiug Jeun Wang Jirng Shyh Mu
4. 林太守墓	Cing Tay Shoov Mu
5. 放鶴亭	Fong Ao Tung
6. 鳳林寺	Feng Ling Sz
7. 林典史墓	Ling Deau Shyy Mu
8. 馮小青墓	Feng Siao Chin Mu
9. 瑪瑙坡	Maa Nao Po
10. 曼殊塔	Man Chu Mu
11. 西泠橋	Si Len Chiao
12. 俞樓	Yu Lou
13. 廣化寺	Kuan Hua Sz
14. 西泠印社	Si Len Ying Sho
15. 浙江圖書館	Chekiang Tu Shu Kwan
16. 中山公園	Chung Shan Kung Yuen
17. 西湖博物館	Si Hu Boe wu Kun
18. 徐錫麟墓	Hsu Sih Ling Mu

第五日遊北區，與六日行程第三日同。

第六日遊南山區，與六日行程第四日同。

第七日遊吳山區，與城內，與輿遊八日行程第五日同。

第八日遊江干區，與六日行程第五日同。

第九日遊西溪區，與六日行程第六日同。

第十日由新市場，乘公共汽車至靈隱，沿途不停，到後入山門，沿飛來峯後面，越楓樹嶺上而達上天竺。在上天竺法喜寺前，折入郎當嶺，越過三、四山峯約行十餘里而至五雲山後，由山前下山，可望錢塘江。在徐村搭汽車至閘口，或直行至閘口乘火車返原處亦可。所到各地如下：

The places may be reached, by walking in tenth day.

1. 飛來峯	Fee Lang Feng
2. 楓樹嶺	Feng Shuh Ling
3. 三天竺	San Tien Cho
4. 郎當嶺	Laug Dang Ling
5. 獅子峯	Shy Szy Feng
6. 青草台	Ching Chio Tai
7. 雲棲寺	Yue Chie Sz
8. 茶葉山	Char Yeh Shan
9. 萬年背山	Wang Nihn Bei Shan
10. 眞際寺	Chen Ji Sz
11. 伏虎亭	Fue Hue Ting
12. 徐村	Chun Chei

13. 閘口　　　　　　　　　　Cha Qu

附註：1. 第五、六、八、九日路線，與「步遊六日行程」中之第三、四、五、六日同。

2. 第七日路線，與「輿遊八日行程」中之第五日同。

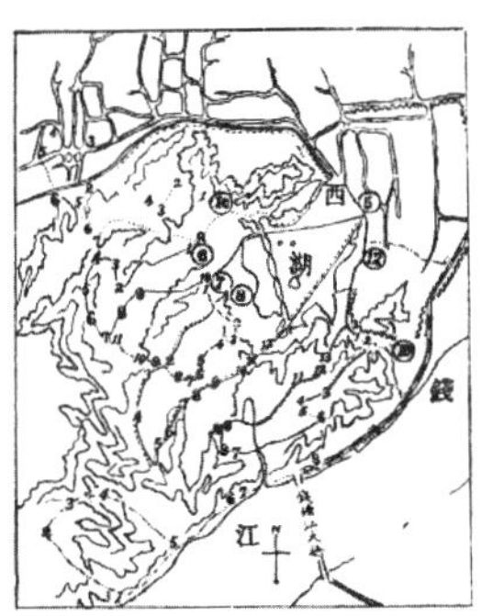

步遊　十五日行程　By Walking Fitteen days

十五日遊程，其第一二三四日，與十日行程同。

第五日乘車至岳廟改步行往玉泉、靈峯，由小道越桃源嶺，嶺上一面可望西湖，一面可望河渚。至大悲庵（內有一山洞）下嶺，繞東嶽，登北高峯。石級甚長，盤旋而上。下至靈隱山門，循馬路步行或乘公共汽車或乘人力車而返。所到各地如下：

The places may be reached, by walking in fifth day.

1. 玉泉清漣寺	Chnig Leun Sz
2. 靈峯寺	Ling Feng Sz
3. 桃源嶺	Taur Yuan Liing
4. 大悲庵	Dan Bei An
5. 老東嶽	Lao Tong Yo
6. 法華寺	Fa Hua Sz
7. 北高峯	Pei Kao Feng
8. 雙峯插雲	Shon Feng Cha Yue

第六日自岳廟起行，循馬路往靈隱，再展北高峯，下至韜光，繞飛來峯至上天竺，由下天竺而至茅家埠。除登北高峯皆平路。所到各地如下：

The places may be reached, by walking in sixth day.

1. 雙峯插雲	Shon Feng Cha Yue
2. 飛來峯	Fee Lan Feng
3. 靈隱	Ling Ying
4. 韜光寺	Tao Kwang An
5. 永福寺	Yeong Fwu Sz
6. 楓樹嶺	Feng Shuh Ling
7. 上天竺	Shano Tien Cho
8. 中天竺	Jong Tien Cho
9. 下天竺	Shiah Tien Che
10. 茅家埠	Mau Jia Buh

第七日乘公共汽車至赤山埠，或乘舟到茅家埠登

岸，由法相寺登南高峯，下山至煙霞洞，越翁家山至龍井而上棋盤山，由天竺以返茅家埠。計到各地如下：

The places may be reached, by walking in seventh day.

1. 茅家埠	Mau Jia Buh
2. 于墳	Yu Fern
3. 六通寺	Liu Tong Sz
4. 法相寺	Fa Siang Sz
5. 南高峯	Nan Kao Feng
6. 楊家山	Yang Ca Shan
7. 煙霞洞	Ian Yaun Tung
8. 翁家山	Wong Jia Shan
9. 龍井寺	Lung Jin Sz
10. 棋盤山	Chi Pen Shan
11. 三天竺	San Tien Cho

第八日仍自茅家埠起始，過雞籠山、龍井、九溪十八澗，轉理安，由石屋嶺回至赤山埠，乘車或僱舟而返。所到各地如下

The places may be reached, by walking in eight day.

1. 雞籠山	Ji Lorg Shan
2. 風篁嶺	Feng Hwang Ling
3. 龍井寺	Lnng Tin Sz
4. 九溪十八澗	Que Chi Shih Pah Che
5. 理安寺	Lee An Sz

6. 楊梅嶺	Yang Mei Ling
7. 水樂洞	Shoei Lue Tung
8. 滿覺隴	Maon Jyue Loong
9. 石屋洞	Shih Woe Tung
10. 石屋嶺	Shih Woe Ling
11. 赤山埠	Chyh Shan Buh

第九日遊吳山區，行程與前同。

第十日遊西溪區，在松木場起程，沿汽車路西行，至古蕩登老和山，由此仍沿路西進，至老東嶽僱船往河渚，囘至吳家碼頭上岸，入花塢。過山卽天竺。計到各處如下：

The places may be reached, by walking in tenth day.

1. 老和山衍慶寺	Lao Ho Shan Ian Ching Sz
2. 老東嶽	Lao Tong Yo
3. 西溪河渚	Si Chee Ho Chu
4. 交蘆庵	Jao Loo An
5. 秋雪庵	Chiu Shein An
6. 花塢	Hwang Wu
7. 散花仙館	San Hwa Shai Kun

第十一日乘汽車至留下，沿汽車路西行，在荊山下轉南約十五里，到小和山。自此翻山數座，約三十五里，過桐塢，可到雲棲。或由原路囘留下，東行，在楊

家牌樓轉南，越石人嶺而返天竺。計到各地如下：

The places may be reached, by walking in eleventh day.

1. 小和山金蓮寺	Sha Ho Shan Jin Liun Sz
2. 楊家牌樓（卽石人塢）	Yang Ca Pan Lur
3. 石人嶺	Shih Ren Ling
4. 天竺	Tien Cho

第十二日自鳳山門出城，越萬松嶺，轉南由慈雲嶺上玉皇山。下山，進八卦田、烏芝嶺、轉虎跑，越梯雲嶺而回清波門。計到各地如下：

The places may be reached, by walking in twelfth day.

1. 萬松嶺	Wan Son Ling
2. 雙吊墳	Shon Tiao Win
3. 慈雲嶺	Chi Yue Ling
4. 福星觀	Fu Sin Kwang
5. 紫來洞	Coi Lai Tung
6. 八卦田	Ba Guiah Tyan
7. 眞珠泉	Ji Choe Ti
8. 虎跑寺	Hue Poh Sz
9. 濟祖塔院	Chi Cho Tah Yuen
10. 梯雲嶺	Ti Yue Ling
11. 蓮花峯	Lian Hwa Feng
12. 接引洞	Jie Yiiu Tung

第十三日乘汽車至范村，入雲棲。上五雲山，下山沿江岸回至閘口。所到各地如下：

The places may be reached, by walking in thirteenth day.

1. 范村	Fan Chei
2. 洗心亭	She Sin Ting
3. 雲棲寺	Yue Chie Sz
4. 眞際寺	Chen Ji Sz
5. 徐村	Chun Chei
6. 開化寺	Kan Hwa Sz
7. 六和塔	Liu Ho Tah
8. 閘口	Cha Qu

第十四日自天竺至五雲山，至十日行程第十日同。

第十五日，可往定山石龍山一遊。乘汽車至轉塘下車，西南行約十里，到定山，形如獅故名獅子山。山巔可望錢塘江口。山南二里，有浮山，西一里餘至淩家橋（在石龍山下），正對江面，右側為鳳凰山，左側卽獅子山，頗擅形勢。在淩家橋，可乘汽車返城。所到各地如下：

The places may be reached, by walking in fifteenth day.

1. 外洞塢	Wua Tung Wu
2. 裏洞塢	Lee Tung Wu
3. 定山	Ting Shan
4. 浮山	Fu Shan

5. 石龍山　　　　Chao Lung Shan

附註：1. 第一、二、三、四日路線與「步遊十日行程」中之第一、二、三、四日同。
2. 第九日路線與「輿遊八日行程」中之第五日同。
3. 第十一、十五兩日路線經過地方甚少，已詳說明，不另列圖中。
4. 第十四日路線與「步遊十日行程」中之第十日同。

食宿娛樂

Keep your Lite, Eating, Sleeping and Play.

到杭州之後，即在城站下車，再雇人力車或三輪車汽車至旗下，按照個人經濟能力擇定旅館（杭州旅館常客滿，最好託在杭熟人預定）。如欲於未出遊時，亦能領略西湖景色，即可下榻於湖濱路一帶之各旅館，惟不可離湖太遠，一因暇時不能靜覽湖山景色，二因出遊往返費時也。若有一月左右之時間，則可借住寺院。

西湖一日可遊，一週可遊，三日五日亦可遊。（詳見前節），時間之長短，全以個人之時間與經濟而定。遊者可預為計劃，依次進行，不可於一日之中，忽南忽北，忽西忽東，致徒費時間精力，而於事無補，依最近情形言，以湖中、孤山、北山、南山四處，最足遨遊。湖上諸勝，放舟遊覽，一日已足。北山一帶，則分二日為宜，南山亦然。如欲遍遊名勝，不嫌道遠寂寞，則須十日至半月。（僅遊玩一二日者，請參閱前節遊程指南所述）。

遊覽時宜帶本書及手杖、時錶、汗巾、水壺，乾糧、鉛筆、記事冊、照相鏡箱、望遠鏡、指南針、雨具、布鞋、草鞋、釣竿。（遊南北高峯五雲山等處，非穿草鞋不可，其他各處，亦以穿平底鞋為輕捷易步。）

遊湖須雇划子，價格大多論時計算，論日亦可，春秋佳日，索價較昂，市府現規定價格，於湖濱樹立木牌，雇者可依價付資。至划子價格，最近經市府核定如下：

1. 全日二萬元，半日為一萬二千元，三小時九千元，湖濱至岳坟單程三千五百元，湖濱至中山公園及至裏西湖至茅家埠、赤山埠及至淨慈寺，單程均為五千元。
2. 超過半日以全日計，超過三小時以半日計，一天自上午八時至下午六時止。
3. 雙程加成，如須等候，每小時加三千元。
4. 逢節照表加三成。
5. 大船照規定加五成。
6. 小船限乘八人，大船限乘二十五人。
7. 船戶如不遵規定浮收船價，可向市府報告，以便懲處。

遊山以步行為便，年老力疲，則宜借助於轎輿。在交通便利或不必遊覽之處，步行徒費時間，宜以舟輿人力車三輪車為代步，其價均因遊客之多寡而稍有出入。

西湖以茶著稱，遊覽所至。莊墅寺廟，皆可得茶。其佳者當推法雨、龍井、虎跑、理安。又三潭印月、中山公園、平湖秋月等處，有人調製藕粉出售。

菜以醋魚為最著名，樓外樓、太和園等善製之。其所取者乃鯶魚，亦名草魚。皆範籠而養之湖邊，顧客點及，卽取生魚洗刮，投沸水中，起鍋後，另和醬醋調藕粉再煑，需時僅十分鐘，故鮮嫩異常。有魚生者，取生魚脊肉，薄切如紙，調製而成，俗稱醋魚帶柄，可與醋魚同進。又如春夏時之蒓菜羹，春時之春筍炒鯗魚、鮮蝦（西湖產）活醉蝦、炒蝦仁、蕃茄蝦仁、家鄉肉、燒筍、火腿腫、炒子雞、冬菇盒子皆有至味。活醉蝦、蒓菜羹等製法當推中正街之中國酒家聚豐園，該處所製掛爐填鴨，亦有至味，非湖上諸肆所及，可往嘗試。又各菜館之炸香鈴（腐衣包肉油炸而成），為本地風光，亦頗可口。

西湖諸寺多備素菜，以煙霞洞之僧廚昔頗有名，靈隱、鳳林、雲棲、理安均有素餐設備，又靈隱山門外亦有葷素菜館，天竺一帶則惟有素菜素麵，價均不賤。

麵飯：普通皆以竹齋街口之王潤興（俗稱王飯兒）之魚頭豆腐，鹽件兒（即家鄉肉）為至味。奎元館，聚水館之麵食頗負盛名，尤以奎元館之地點適中（在山中路）營業稱盛，中正街豐樂橋畔之老聚勝，開設洪楊亂時，為杭州歷史最久之麵館，該店素擅「麵水兒」（即麵食），所烹蝦炮鱔，片兒川，亦有至味，惜因所處地點不甚適中，遊客知之不多。此外素菜有新市場之功德林及素春齋，川菜有英士街之大同川菜館，津菜有仁和路之三義樓，西菜館則有華歐製糖廠及久隆等數處，點心則以知味觀營業稱盛。杭州糕食，以頤香齋為最著，故小販叫賣糕食者，多以頤香齋牌子為號召。

杭州娛樂場所，有龍翔橋畔之國際大戲院，英士街口之西湖大戲院，及美琪、大光明等六七家電影院，江干則有南星大戲院，專演平劇、紹劇。設備以國際，西湖較完善，票價則各家一律，大世界為雜耍戲院，各藝均有。

杭州特產

The famous things in Hangchow

西湖特產以茶為最著，絲織物次之，其他各物又次之。茲略為分舉如下：

1. **茶葉** 產龍井獅子峯者為最佳，其次則龍井、雲棲、虎跑，俗有獅龍雲虎之別。茶色綠作豆花香，產於清明前者曰明前，初抽嫩葉，價貴而淡薄無味。產穀雨前者曰雨前，普通皆是，然眞者頗難得。中山中路之翁隆盛、天豐等處，皆可選購。

2. **絲織物** 杭多絲織廠，故所出絲織品，聲聞中外，綢緞分鐵機織、木機織兩種，花樣與名目甚多。紗有春紗、官紗、縐紗之別，紡有杭紡、板紡、羅紡之別，如九綸老大綸、高義泰等，皆可購。仁和路之啟文絲織廠所製西湖風景片及天竺綢傘，檀香絹扇，式樣新奇，更為精美，花色繁多，餽贈最宜。

3. **火腿** 最上者名蔣腿，可向中山中路之萬隆，方裕和、金華公司及清泰街之太陽公，元隆、大東陽公司購之。

4. **家鄉肉** 肉糯而香，杭之名產。杭人均推萬隆腿莊。

5. **藕粉** 西湖藕粉雖有名，實則西湖並不產藕。新市場各名勝處所售，均係販自拱宸橋北之三家村，甚之以菱粉山薯粉攙合而混充者，故取值不甚昂，蓋眞者呈淺粟色，購者不喜，成本又貴，鮮有製造。

6. **蒓菜** 產三潭印月，二月至九月止，勝於湘湖及太湖所產，各菜館均備以作羹。今有以鮮蒓菜裝瓶銷售者，一經時日，色味均變。

7. **剪刀** 市上售剪刀者，或號張小泉，或號張小淚，頗難辨別。其實以大井巷之張小泉近記乃為正眞老店，蓋其創始於明季崇禎年間，乃製剪世家也，新市場國貨陳列館亦有支店。中山中路以雙井為記之張小淚，牌子最老，出品最精，近年營業鼎盛。

8. **扇子** 杭扇與杭剪齊名，式樣頗多，出品當推舒蓮記，蓋老牌子也。近年王星記出品之佳，有突飛猛晉之勢，遊客多爭購之。

9. **菸** 宓大昌之元奇、白奇、呈奇，甚有名。

10. **藥物** 胡慶餘堂、葉種德堂、發售丸散膠丹元參麥冬，久負盛名。

11. **山核桃** 新市場各水菓店均有出售，大如小桂圓，清香較勝胡桃，已炒熟椒鹽者味最佳。

12. **橄欖** 杭州所製橄欖頗有名，然多則煩膩，水菓店、糖食店皆有出售。以中山中路之方裕和南貨店製售者為最佳。該店之九製橄欖，聞名全國，該店在南洋勸業會，西湖博覽會及國貨展覽會，均獲最優等之獎憑。

附錄

杭州市公共汽車公司各路站名表

路別	路名	起訖地點		
		起	經過路線	止
一	湖城段	湖濱	陳列館，官巷口，薦橋，佑聖觀巷，板兒巷口，清泰門	城站
三	湖艮段	湖濱	陳列館，官巷口，金錢巷口，葵巷口，金洞橋，菜市橋，所巷口	寶善橋
四	湖九段	湖濱	膺白路，湧金門，清波門，汪莊口，赤山埠，四眼井，虎跑，錢江大橋，六和塔，之江大學	九溪
五	湖筧段	湖濱	弼教坊，衆安橋，皮市巷，菜市橋，慶春門，華家池，石衖口，下菩薩口，下菩薩，衖口	筧橋
六	湖閘段	湖濱	弼教坊，官巷口，羊壩頭，清河坊，察院前，鳳山門，南星橋，美政橋，海月橋，電廠	閘口

公司及湖濱總站地址英士街10號　電話1378號

杭州市郵局局名地點及營業時間一覽表

局名	地址	營業時間	
		掛號快遞	儲金匯兌
郵政管理局	城站	上午七時至下午七時	上午八時至十二時 下午二時至四時
一支局	官巷口	上午八時至下午六時	仝右
二支局	清河坊	仝右	仝右
三支局	忠清街	仝右	仝右
四支局	艮山門	仝右	仝右
五支局	湖墅	仝右	仝右
六支局	龍翔橋	仝右	仝右
七支局	拱宸橋	仝右	仝右
儲匯分局附設郵局	清泰街	上午九時至下午四時	儲匯事務由儲匯分局辦理

局名	地址	營業時間	
		掛號快遞	儲金匯兌
郵亭	西湖淨慈寺	上午八時至十二時下午一時至五時	不辦
郵亭	浙江大學	仝右	仝右

杭州市銀行一覽表（一）

浙江省銀行	總經理　童蒙正
	電話：一三一三　一三一二
	地址：中山中路
郵政儲金匯業局	經理　汪秋庭
	電話：一三七三　一三八二
	地址：清泰路
中央信託局	經理　趙聚鈺
	電話：一二八二　一二八三
	地址：中正街
中國農民銀行	經理　關龍蓀
	電話：二二九〇　一〇三七
	地址：中山中路
交通銀行	經理　馮薰
	電話：一七一七　二二九二　二九二一
	地址：中山中路
中國銀行	經理　金潤泉
	電話：一五一三　一五一二　一〇三九
	地址：中山中路
中央銀行	經理　張忍甫
	電話：一八六六　一六六〇　一八六七
	地址：中正街
浙江實業銀行	經理　金文雄
	電話；一八四三　一〇三四
	地址；中山中路
浙江興業銀行	經理　呂望仙
	電話：一三〇二　一三〇一
	地址：中山中路
兩浙商業銀行	總經理　孫月樓
	電話：二二八七　二二八六
	地址：中山中路

中國農工銀行	經理　劉石心
	電話：二四七六　一八九二
	地址：中山中路
浙江儲豐銀行	總經理　張旭人
	電話：二四六一　二四六〇
	地址：中山中路
中國實業銀行	經理　雷平一
	電話：一三七七　一三七六
	地址：中山中路
四明銀行	經理　何創夏
	電話：一四四五　一九九八
	地址：開元路

杭州市銀行一覽表（二）

浙江商業儲蓄銀行	總經理　洪楨良
	電話：一七一三
	地址：清泰路
浙江典業銀行	總經理　龐贊臣
	電話：一九七八
	地址：中正街
江海銀行	經理　陳熙徵
	電話：二五六九
	地址：中山中路
浙江建業銀行	經理　周仰松
	電話：二六〇一
	地址：祠堂巷三號
上海綢業銀行	經理　高君藩
	電話：一三二六
	地址：中山中路
中南銀行	經理　余子封
	電話：一三七〇　一三六七
	地址：中正街
大陸銀行	經理　王逸之
	電話：一〇〇三　一五〇五
	地址：中山中路
杭縣縣銀行	經理　勞鑑劬
	電話：一八六一　一九八一
	地址：清泰路
中國通商銀行	經理　袁子幹
	電話：一八九〇
	地址：中山中路

杭市同業公會會員錢莊一覽（一）

盈豐錢莊	電報掛號三七四二號 電話一七四二號	（前清河坊大街） 中山中路一一二號
義源錢莊	電報掛號二五八一號 電話二五八一號	中山中路七六九號
同泰錢莊	電話二七七五號	竹齋街三三號
恆盛錢莊	電話一四二七號	（舊同春坊二八號） 中山北路十六號
同益錢莊	電話二〇二二號	（前清河坊大街） 中山中路一二六號
元泰錢莊	電話一六六三號	木場巷二九號
同昌錢莊	電話二五七三號	信餘里二二號
崙元錢莊	電話二三八一號	慶春街五六四號 （原名福源錢莊）
德昌復錢莊		中山中路四七〇號 （原名德昌錢莊）
崇源錢莊	電話二一八三號	上后市街居仁里一號
泰生錢莊	電話一六八三號轉	盔頭巷三八號
順昌錢莊	電話二三四四號	竹齋街六五號
義昌祥記錢莊	電話二〇四二號	中山中路二一〇號
益昌錢莊	電話二二七九號	廣興巷一一號
亦昌錢莊	電話一〇六四號	東太平巷一一號
壽康錢莊	電話二〇八二號	中山中路五六九號 （原名愼康錢莊）
誠昌錢莊	電話二五五四號	上珠寶巷二五號
源昌錦記錢莊	電話一七三七號	民權路一七號

杭市同業公會會員錢莊一覽（二）

豫大錢莊	京錢戊字六〇二二號 電話二五〇八號	清泰街四二四號
開泰昌記錢莊	電話二六六三號	大井巷九一號
同愼昌記錢莊	電話二四九一號	上珠寶巷二二號
介康安記錢莊	電話二〇四三號	中山中路四七七號
同德順記錢莊	電話一九二二號	中山中路五六八號
穗源錢莊	電話一六〇三號	清泰街五一六號
太和錢莊	電話一〇七八號	和合橋二四號 （原名杭州瑞康錢莊）
益源錢莊	電話二六七四號	竹齋街六四號
咸安錢莊	電話一九七六號	竹齋街三〇號
泰康錢莊	京錢戊字六〇五七號	東街路一〇二〇號
衍源久記錢莊	京錢戊字六〇五六號 電話一九六九	中山中路四九一號
復泰錢莊	京錢戊字七〇五八號 電話二三三二號	中山北路二〇六號
鴻源錢莊	京錢戊字六九五八號 電話二一三〇號	上珠寶巷四號
泰安錢莊	京錢戊字六八四八號 電話一六一〇轉	盔頭巷三六號
萬源錢莊	京錢戊字六五四二號 電話二三四二號	中山中路三七號
通源錢莊	京錢戊字六〇一九號 電話二六四二	中山中路四〇九號

A GUIDE TO HANGCHOW

COMPILED & PUBLISHED BY S. K. SHYNG

First Edition, April, 1947

杭州名勝導遊

每冊實價國幣　元　外埠酌加郵匯費

邢心廣主編

中華民國三十六年四月初版

印刷者：浙江文化印刷公司

地址：中山中路626 號

廣告

浙江郵政管理局　經辦業務項目

（一）航空郵運——航空郵運路線業已遍佈全國各界交寄郵件包裹應請儘量利用航空運遞既迅速又便利

（二）報值掛號函件——凡有價值之大文件單據寄交國內各地可由寄件人報明價值交寄遇有損失郵局當按價補償

（三）國內保價信函箱匣及包裹——價值較鉅函件可作保價郵件交寄其他貴重物件可按保價箱匣交寄貨物可按保價包裹交寄均屬安全穩妥

（四）代收貨價郵件包裹——商行交寄貨物可託郵局向收件人代收貨款匯還寄件人便利可靠

（五）發售小型信箱——郵局有特製小型信箱一種以備公衆購買裝置門首收受郵件便利穩妥

（六）簡易人壽保險——辦法優良手續簡便保障宏大賠款迅速

中國紡織企業股份有限公司

錢江紗廠——出品

錢江大橋牌各支棉紗

地址：杭州市武林路七五號（前西大街德馨廠原址）

電報掛號：5566

市內電話
長途電話 2592

Address: aside the Fong Yo Bridge, Chung-cheng Street

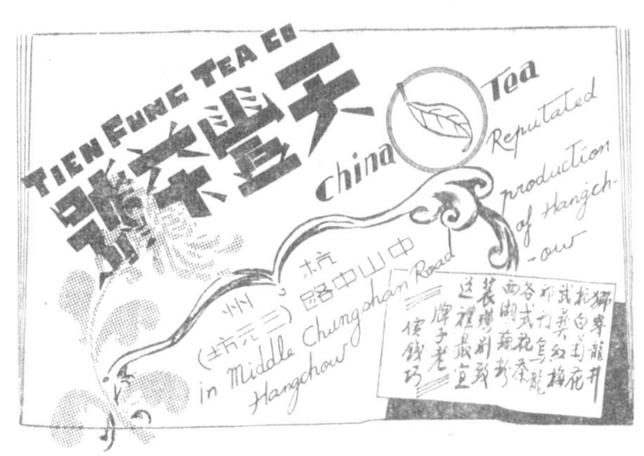

Shin Dah

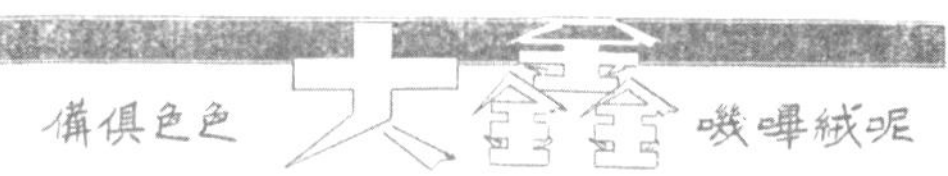

特請　上海名師　專製　軍服西裝

本號開設杭垣，有二十餘年歷史，採辦各國呢絨，專製男女時裝大衣海
空軍服裝皮件等，如蒙賜顧，竭誠歡迎。

地址：中山中路四八〇號

JONG SHAN JONG ROAD, HANGCHOW.

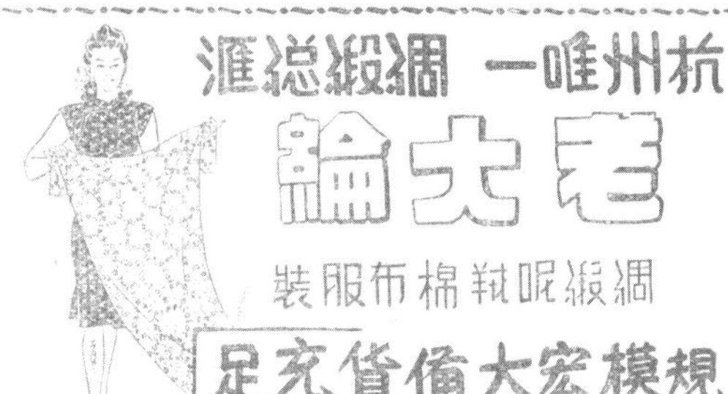

地址：中山中路　電話：二五五一五轉

高義泰

國產綢緞
呢絨棉布
花式新穎
定價低廉
如蒙惠顧
竭誠歡迎

杭州：中山中路　電話：一一五六四

宏泰

綢布呢絨莊

應社會需求
以薄利爲主旨
不虛僞號召
給顧客以實惠
遊杭旅客注意
遊畢西湖歸去，
勿忘買點本廠自
織道地：
杭紡、線春
、杭羅。

中山中路三百七十號　電話：二〇三九

杭州衛生局核准衛一宣字一號

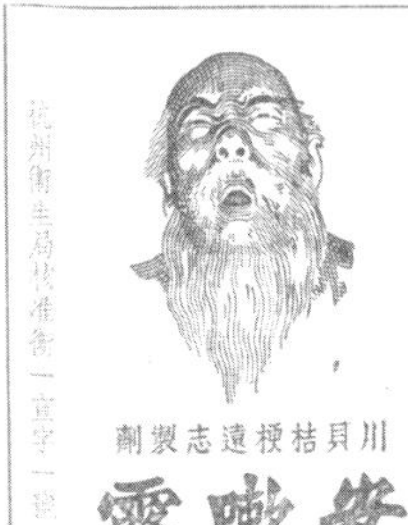

川貝桔梗遠志製劑

安嗽露

立癒咳嗽

民生藥廠出品 公司藥房均售

TEMPLE ROOFS
11 ZEZ-HO ROAD
HANGCHOW CHE.. CHINA
Jan. 28th, 1935

This is to certify that I have used "Antihustin" with surprising results.

For many winters past my wife had suffered with a bad cough and a considerable discharge of phlegm, which discharge lasted through much of the winter.

On taking this remeby last autumn, the phlegm discharge oleared up in twenty four hours and in about thirty hours there was no tr ce left. I have never experienced such a rapid healing of such an ailment before. I can sincerely recommend it to those who suffer from similar conditions of the bronchial tubes.

Robert F. Fitch

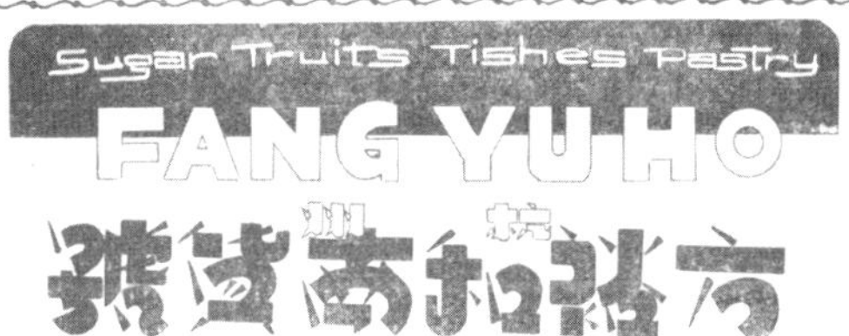

Sugar Truits Tishes Pastry
FANG YUHO
杭州
方裕和南貨號

旅館房間清潔
招待服務週到
地址：延齡路19號
電話：一五二九號

時美理髮公司

杭市首創
電氣理髮
新型用具
各式電燙
適合衛生
招待週到

Ross Marie Cafe

地址：杭州教仁街一一〇號

惇敘商業儲蓄銀行

總行：上海河南路如意里
支行：上海乍浦路六十三號
分行：(一)寧波江廈街一〇八號 (二)杭州中山中路二九一號

素負盛譽 首屈一指

門市批發

老牌薄利

綢布呢絨

地址：杭州中山中路(即羊壩頭)

杭州

大東陽火腿公司

超等火腿 家鄉南肉

自製 自運 自銷

地址清泰路四六一號

電話二七四〇 電報掛號〇四一一

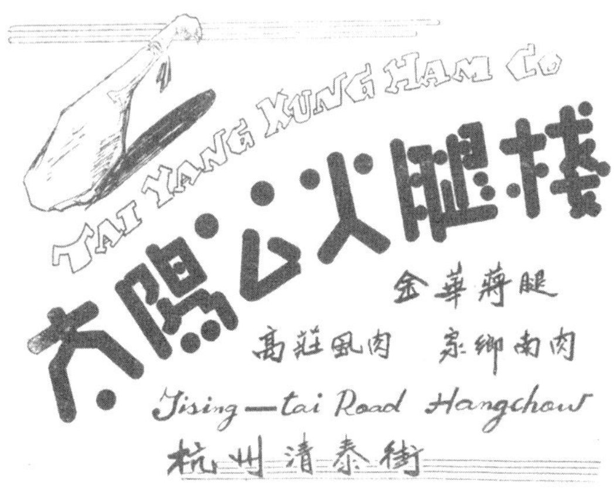

中國植物油料廠

經營植物油料之榨煉提倡植物油料之增產及營運推進國產植物油料之外銷

杭州辦事處

中山南路三一二號（舊門牌大學士牌樓六十號）

電報掛號：二七八四

電話：二三二〇

倉庫：上倉橋東堍

最前進第一流
西服專家
謝泰記
Shieh Tay Jih
穿
特聘名師
裁製精究
來料定製
一概歡迎
式樣大方
保證滿意

樓外樓菜館

名廚烹調　盛譽夙負

地址 外西湖三六號
電話 二二六三號

太和園菜館

遊西湖勝景　餐太和佳肴

地點 外西湖二九號　電話 一五六六號

多益處國菜館

宴會小吃　咸爲適宜

杭州 延齡路二二號　電話 一六六六號

大同川菜社

著名川菜　別具風味

杭州 英士街一二二號　電話 二〇一九號

素春齋菜館

零菜四季　整席淨素

杭州 延齡路六八號

GRAND HOTEL
ON THE LAKESIDE
Modern Comforts
Excellent Cuisine
5, Huping Road
Tel. 1710

大華飯店

設備標準
風景優美
交通便利
湖濱路五號
電話 一七一〇

裏西湖

葛嶺飯店中西旅館

倚山面湖　風景極佳　房間互連浴室　設備完善

地址 靜江路四十號　電話 二三〇二號

湖濱路支店：杭州飯店　電話 一二三六號

浙江省銀行

為全省人民忠誠服務之金融機構

董事長 徐桴　總行：杭州中山中路一九五號
總經理 童蒙正　分支行處：遍及全省及省外各重要城市

扶助經濟建設　開發生產事業
匯兌迅速便利　存款利息優厚
兼辦信託儲蓄　代理各級公庫

通匯地點：省內：全省各縣暨各重要市鎮
省外：江西、福建、廣東、山東、江蘇、四川、台灣諸省各縣暨重要市鎮

旅客來杭請住

西湖飯店

面臨湖濱　西子勝景　一覽無遺
設備完善　清潔舒適　賓至如歸

地址：湖濱路八十九號
電話：一三八一號

中央信託局杭州分局

地址：杭州中正街一一四號
電話：經理室1283　營業課1282　文書課1246

業務要目	各種信託代理業務　各種信託儲蓄存款　辦理國內國外匯兌 其他一切銀行業務　產物保險人壽保險　代購國內國外材料 採辦土產物品出口　經營倉庫物資保管　房屋地產經租經售 房地產修建及估計
杭州倉庫	第一倉庫 中正街　第二倉庫 貢院前賽西湖
總局	上海
分局	南京 北平 天津 青島 重慶 漢口 廣州 福州 西安 蘭州 成都 貴陽 昆明 長沙 長春 無錫
辦事處	上海虹口 上海金陵路 南通 蘇州 蕪湖 武進 瀋陽 連雲市 汕頭 沙市 濟南
代理處	全國各地中央銀行內　電報掛號 五六六五

浙江建業銀行

杭州支行

經營

存款、放款、及其他一切銀行業務

總行

地址——上海山西路二二六號　有線電報掛號二二六八號

電話：九一三九五、九三八四七、九四六五四、九三七五六

分支行處

杭州——竹齋街祠堂弄三號　電話：二六〇一
八仙橋——上海龍門路一〇七號　電話：八二一七五　八四五三三
嘉興——泉安橋堍　電話：一七七

地址羊壩頭口 杭州中法大藥房經理 電話二五九九

效力比別種魚肝油偉大

康胖魚肝油

療肺補血補腎補腦健胃強身第一聖劑

（著名十大良藥）

艾羅補腦汁 艾羅療肺藥 九一四藥膏 胃甯藥片 滅痛藥片 克嗽伏 果導藥片 賜爾福多 古力晶眼藥 清涼菓子鹽

完全老牌國貨

龍虎人丹

居家旅行 人人必備

諸君：要購實用物品
請到
新興百貨公司
保君稱心滿意
地址 延齡路四十九號

南星大戲院

最新佈景

本院不惜重金聘請海上名家續編古今新劇宣揚社會文化

彩色電光

杭州南星橋烏龍巷內

老双井記
政府註冊
千把萬把
把把都好
認明双井
歷史悠久
牌子最老
地址
三元坊

聚水館
Jiuh Shoei Goan
寧式大麵
名厨司飪
精製麵點
四時鮮潔
無美不備
遐邇馳譽
久已膾炙
如蒙惠顧
竭誠歡迎
地址 羊垻頭口（即高義泰對面）
Yang Bah Toux Koou

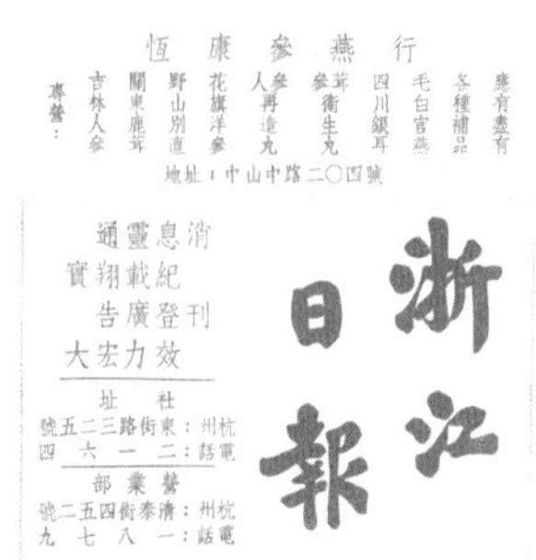
恒康參燕行
應有盡有
各種補品
毛白宮燕
四川銀耳
參茸衛生丸
人參再造丸
花旗洋參
野山別直
關東鹿茸
吉林人參
專營：
地址：中山中路二〇四號
浙江日報
消息靈通
紀載翔實
刊登廣告
效力宏大
社址
杭州：東街路三二五號
電話：二一六四
營業部
杭州：清泰街四五二號
電話：一八七九

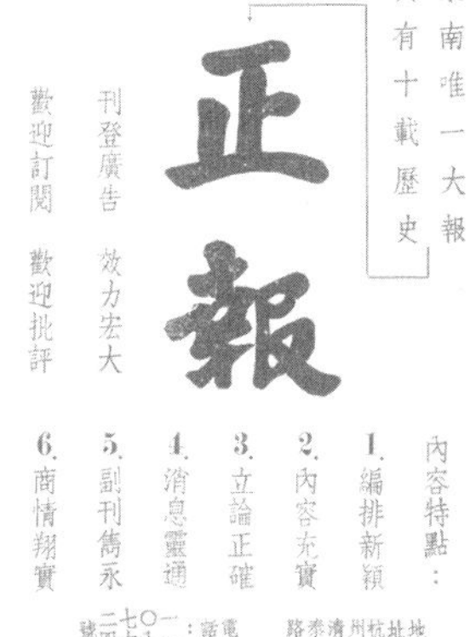
東南唯一大報
具有十載歷史
正報
刊登廣告
效力宏大
歡迎訂閱
歡迎批評
內容特點：
1. 編排新穎
2. 內容充實
3. 立論正確
4. 消息靈通
5. 副刊雋永
6. 商情翔實
地址杭州清泰路
電話：二〇七二 一八六四號

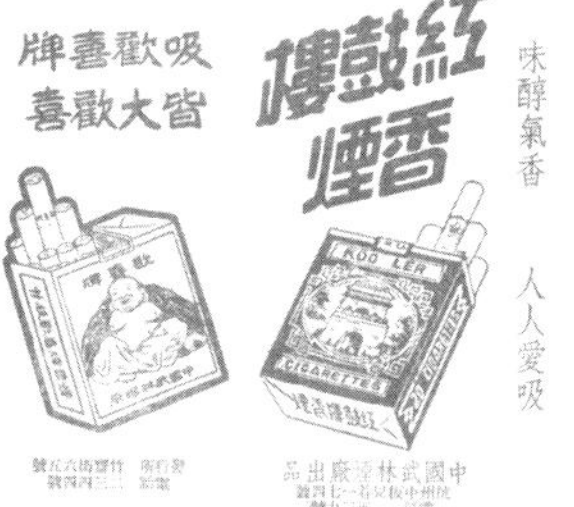
紅鼓樓香煙
吸歡喜牌
皆大歡喜
味醇氣香
人人愛吸
歡喜牌
KOO LER
CIGARETTES
中國武林煙廠出品

杏花酒家
西湖醋魚 掛爐燒鴨
承辦筵席 隨意小酌
地址：西湖孤山俞樓

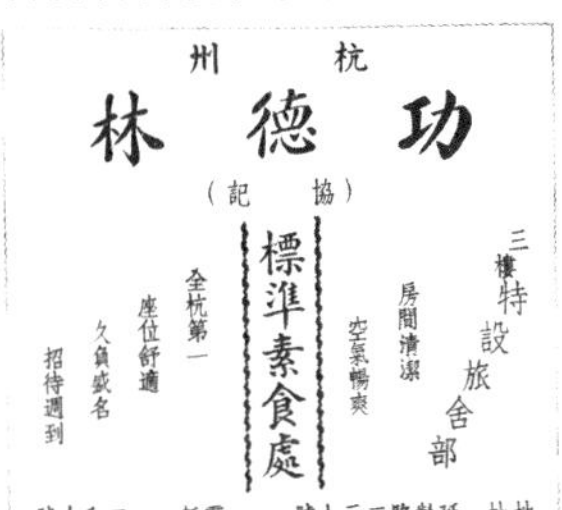

浙江商業儲蓄銀行
總經理 洪楨良
電話：一七一三
地址：清泰路

浙江興業銀行
總經理 龐贊臣
電話：一九七八
地址：中正街

江海銀行
經理 陳熙徵
電話：二五六九
地址：中山中路

浙江建業銀行
經理 周仰松
電話：二六〇一
地址：祠堂巷三號

上海綢業銀行
經理 高君藩
電話：一三二六
地址：中山中路

中南銀行
經理 余子封
電話：一三七〇 一三六七
地址：中正街

大陸銀行
經理 王逸之
電話：一〇〇三 一五〇五
地址：中山中路

華清池
浴業權威 新型設備
牌子最老 規模最大
新設女子部 全用女招待
（地址：杭市延齡路）

杭縣縣銀行
經理 勞鑑劬
電話：一八六一 一九八一
地址：清泰路

中國通商銀行
經理 袁子翰
電話：一八九〇
地址：中山中路

(原名浙西日報)

消息靈通　報導翔實　輿論權威　大衆喉舌

社址：杭州中山中路　電話：一六四七號

天行報

中華民國廿九年創刊

雜誌化的新型報紙

情編電訊菁華
博搜新聞內幕
揭露民間疾苦
宣揚民族正氣

每日出版一張

社址杭州延齡路

民國城市 05
中國近代歷史城市指南：
杭州篇（三）
City Guidebooks of Modern China:
Hangzhou Section III

作　　者　中央研究院近代史研究所
　　　　　城市史研究群　選編
總 編 輯　陳新林、呂芳上
執行編輯　林弘毅
封面設計　陳新林
排　　版　溫心忻

出 版 者　**中央研究院近代史研究所**
11529　台北市南港區研究院路二段
128 號
TEL：+886-2-2782-4166

開源書局出版有限公司
香港金鐘夏慤道 18 號海富中心
1 座 26 樓 06 室
TEL：+852-35860995

民國歷史文化學社
10646 台北市大安區羅斯福路三段
37 號 7 樓之 1
TEL：+886-2-2369-6912
FAX：+886-2-2369-6990

銷 售 處　**源流成文化股份有限公司**
10646 台北市大安區羅斯福路三段
37 號 7 樓之 1
TEL：+886-2-2369-6912
FAX：+886-2-2369-6990
初版一刷　2019 年 12 月 31 日
定　　價　新台幣 400 元
港　幣 115 元
美　元　15 元
I S B N　978-988-8637-46-1
印　　刷　長達印刷有限公司
台北市西園路二段 50 巷 4 弄 21 號
TEL：+886-2-2304-0488